職業、挑戦者

澤田貴司が初めて語る
「ファミマ改革」

上阪 徹

東洋経済新報社

はじめに

成長の鈍化、店舗数の飽和、営業時間の問題、人手不足……。平成の時代に成長スピードを加速させていったコンビニエンスストアが、踊り場を迎えている。だが、こうした環境変化について、もう3年以上も前から警鐘を鳴らしていた人物がいる。ファミリーマート社長の澤田貴司だ。

澤田は２０１６年9月に社長に就任したが、この直後のインタビューで、こうした問題についてすでに指摘していた。そして経営者として何ができるか、そのための取り組みを着々と進めてきた。

澤田の社長就任は、サークルK・サンクスとのブランド統合のタイミングだった。この統合で、ファミリーマートは業界2位の店舗数を誇るコンビニチェーンとなった。

この統合をスムーズにやり遂げることが、まずは最大のミッションだったのだが、看板が変えられ、内装が変えられ、商品が変えられた店舗は実に５００３店にのぼる。これだけのスケールのブランド転換は、世界に類を見ない。

　これを澤田のリーダーシップのもと、予定を３カ月前倒しでやってのけることになる。一方で、並行して３３００もの店舗をクローズしている。ただ、ブランドを変えただけではない。この先のポテンシャルを感じられない店舗を、大胆に閉めていったのだ。

　それまで拡大志向が当たり前だったコンビニ業界では、ありえないことだった。

　澤田の改革はその後も続いている。すでにお気づきの方も多いかもしれない。ファミリーマートでは、売り場が変わった。商品が変わった。広告コミュニケーションが変わった。商品開発やマーケティングが変わった。店舗のオペレーションも変わっている。本部社員の意識も変わった。人事評価の仕組みも変わった。そして組織も大きく変わった。

　24時間営業が本当に必要なのか、という難しい問題では、加盟店による時短営業を「本部の同意なしにできる」という方針を打ち出した。実際にアンケートや時短実験を行い、情報を共有。何があっても加盟店の判断に合わせる、という姿勢は業界に大きな衝撃を与えた。

　また、24時間営業分担金を増額させるなど、加盟店支援制度を拡充、その総額は実に年約１１０億円、店あたり約70万円にのぼる。

　さらに店舗が大幅に削減されながら行われていなかった本部の組織のスリム化・業務効率化

にも踏み出し、希望退職者を募集。２０２０年３月末で、１０２５人が退職した。澤田は言う。

「やっぱり辛いですよ。希望退職は、できればやりたくなかった。でも、誰かがやらないといけなかったんです。社員にメリットがあるものを提示できるうちに」

苦しく厳しい意思決定も含め、ファミリーマートでは大胆な変革が行われている。変われない、と言われた日本の大企業が驚くほどのスピードで変わっているのだ。

私はもともとコンビニビジネスに強い関心を持っていた。

店舗経営者である多くの加盟店オーナーへの取材をたくさん行う機会を得ていたことに加え、日本の流通を大きく変革させていったコンビニの仕組みそのものに興味があった。過去には、コンビニ本部の取り組みについて取材をした書籍も書いている。

そしてファミリーマートが澤田という経営者を外部から迎えたとき、もう１つの大きな関心を持つことになった。コンビニという事業が曲がり角に差し掛かるなかで、これだけの巨大な組織、これだけの巨大なビジネスをいかに変えていくのか、という関心だ。

ファミリーマートの年間売上高は、実に約３兆円にもなる。店舗数は、全国に１万６６１１店（２０２０年２月現在）。店舗で働いている人たちの総数は、約20万人にもなる。年間の購入者は延べ約55億人。

これだけのスケールのビジネスを、いったいどのようにして変革へと動かしていくのか、詳しく知りたいと思ったのだ。

さらにもう1つ、澤田という経営者にも関心があった。伊藤忠商事出身で、38歳でファーストリテイリングに転じ、柳井正社長のもとで副社長を務めてフリースブームを仕掛けるなど、ユニクロの急成長を支えたことはあまりにも有名だ。

その後、澤田が独立して立ち上げたキアコンは、無名の会社ながらダイエー再生に名乗りをあげ、丸紅やイオンと並び再生支援の最終候補にまで残ったことも大きな話題となった。２００５年には、経営支援会社のリヴァンプを起業。数多くの企業再生などに携わった。

精悍な風貌。よく通る声。歯に衣着せぬ物言い。お洒落な出で立ち。少年のような笑顔に、常に明るくパワフルなテンション。カリスマ的な存在でありながら、その飾らない人柄を慕う若手の経営者やビジネスパーソンは数多い。

私はリヴァンプの創業直後に取材をしたことがあるが、ファミリーマートの社長として澤田の名前が挙がったときには正直、驚いた。

ファミリーマートの筆頭株主は、伊藤忠商事。その伊藤忠が、かつて伊藤忠を辞めた澤田を指名したからである。「出戻り」の抜擢、しかもこれほどの要職での起用は、日本企業ではそうそう例がないのではないか。

そもそも澤田が伊藤忠を辞めた理由は、「どうしても小売業をやりたかったから」だったのだ。その澤田が20年後、伊藤忠にとっての最重要企業の1つ、ファミリーマートの社長を委ねられることになるのである。まるで奇跡を描いたドラマのような話なのだ。

巨大企業、巨大ビジネスを大きく変えていく取り組み。しかも、踊り場に差し掛かっているビジネス。その改革の取り組みを広く紹介していくことは、さらなる再生を目指す日本企業に大いなるヒントになるのではないか――。

そんな思いから、ファミリーマートのコンビニ改革を書籍にしたい、という提案をしたところ、澤田から快い返事をもらうことができた。ただし、1つだけ条件があった。

「改革の取り組みは、自分だけがやっているわけではない。自分だけがやったかのような書き方だけはしてほしくない」

インタビューが始まってからも、この言葉は何度も発せられた。そして同時に、過去を否定することもなかった。なぜなら、かつては、それが正しいやり方だと信じてやってきたことだからだ。

私が最も印象に残っているのは、組織や加盟店を「動かす」「束ねる」といった言葉が出てきたときの、澤田の反応だった。

「動かしたり、束ねたりすることは、リーダーの役目ではないんです。結果的にそうなるように何ができるか。リーダーには、それが求められているんです」

いま、ファミリーマートに何が起きているのか。なぜ、澤田は改革を進めているのか。これから、どこを目指していくのか。詳しくご紹介していきたい。

改革は多岐にわたっているが、もちろん澤田は課題を整理し、優先順位を決め、まずできるところから取り組みを進めている。本書では、その改革の内容を理解しやすくするために、時系列ではなく、「リーダー改革」「意識改革」「カルチャー改革」「マーケティング改革」「制度改革」「未来をつくる」という6つのテーマに分けた。

そのうえで、澤田があなたの目の前で熱く語っているように思える構成を心がけた。

なお、本文では登場いただく方の敬称を略させていただいた。

目次

＊

第1章 【リーダー改革】現場のために誰よりも、努力する

第2章

【意識改革】
やりたいことに徹底的に、こだわる

第3章

【カルチャー改革】

目に見えてわかる、変化をつくる

第4章

売り場を固めて一瞬で、伝える

【マーケティング改革】

第5章

【制度改革】

正しいことに挑む、仕組みをつくる

第1章

【リーダー改革】

現場のために
誰よりも、努力する

INNOVATE THE LEADER

社長就任前、自ら売り場に立った

経営改革の〝異端ぶり〟は、２０１６年９月の社長就任の前から実は始まっていた。この年の夏、澤田貴司はファミリーマート一番町店で３週間にわたって店長研修を受け、売り場に直接、立っていたのである。澤田はインタビューでこう断言した。

「店舗のことを深く理解していない人間が、社長になるわけにはいきません。現場がわからなくて、どうやって仕事をするんですか」

だが、これには、社員も驚くことになった。社長になる人物が、真っ先に売り場で研修を受けたのだ。しかも数時間、体験するのではない。３週間、他のスタッフと一緒に本格的な店長研修を受けていたのである。

商品の品出しや発注はもちろん、清掃も行い、レジにも立った。おむすびや弁当、サンドイッチ、お菓子を売り、看板商品の１つ「ファミチキ」をフライヤーで揚げ、宅配便の荷物を預かり、公共料金の支払いに対応した。

キャッシュレス社会の到来で決済の方法は多様化しており、またポイント連携も複雑になってきている。さらに、支払いのとき、「この商品券を使いたい」といきなり差し出されることもあった。その瞬間瞬間で、パッパッパッと頭を切り換えなくてはいけない。

「レジに立つのは正直、怖かったですよ。研修では、いかに自分が無能か、思い知らされました」

社長に就任する前から、澤田が強く思っていたことがある。

「コンビニは大勢のスタッフによって支えられています。何より考えなければいけないのは、店舗スタッフとして働くみなさんに、いかに仕事を楽しんでもらえるか、やりがいを感じてもらえるか、ということです。そのためにも、負担やストレスをできるだけ減らしたい。ファミリーマートで働きたいと思ってもらえる工夫を、現場目線で考えないといけないんです」

しかし、研修を受けて、「本当にこれが必要なのか」「どうしてこんなことをやらないといけないのか」「本当にこれでいいのか」と悩まされる場面に、何度も遭遇したと澤田は言う。

「たとえば、当時レジには、お客さまの年齢や性別を入力するためのボタンがついていました。

店長研修でレジに立つ澤田貴司。

レジは、このボタンを押さないと開きません。だから、精算ができないんですね。しかし、年齢をすばやく判断して、正しく押す行為は簡単なことではない。ただでさえ忙しいなかで、です。そもそも人の年齢なんて、見た目だけではわからないじゃないですか」

にもかかわらず、なぜわざわざやらないといけないのか。そのデータにどれだけ価値があるのか。澤田は、後に調べることになる。そして、ファミリーマートでは、来店客の4割がTカードを提示していたことを知る。その情報と照合すれば、正確な年齢や性別が簡単にわかった。

「むしろTカードとの整合性を調査してみると、大半が的外れだったんです。どうしてこ

商品の品出しや発注、清掃など、他のスタッフと同じ研修を3週間にわたって受けた。

れが大事なデータなのか、と思いました」

　後にこのボタンは廃止された。これぞまさに、実際に現場に立ってみたから、わかったこと。レジだけではない。マニュアルも、現場に負荷をかけるだけの項目がたくさん並んでいた。

「最も驚いたのは、宅配便のマニュアルでした。発送、取り置きなど14種類のマニュアルは、全部をプリントアウトしたら、１００ページもありました」

　すぐに宅配便の種類を整理し、新人でも扱い方がひと目でわかるように、10枚程度のシートにまとめるよう指示を出している。その結果、宅配便の取り扱いに関するクレームの数は減少した。

「規定は、頭髪の色に関するものまでありました。そもそも、髪の色だけで人間性がわかるわけではない。大事なことは、お客さまにとって心地いい接客ができているか、です。ヘアカラーのトーン番号まで詳細に規定されたマニュアルは、いったい何のためなのか」

生産性の改善に貢献しないどころか、それを妨げるような規則も大量にあった。

「細かなルールを足し算して積み上げるだけで、引き算をしなかったんですね。だから、やるべきことが意味もなく増えていった。なぜ、ここまで放置してしまったのか。これでは現場が疲弊するだけです。一度、全部ぶっ壊さないといけない、と感じました」

ファミリーマートは複数の会社が経営統合して成長してきた。だから、マニュアルも足し算を重ねる一方だったのだ。

マニュアルは全部で１６００ページにもなっていた。そんな量のマニュアルを、パートやアルバイト一人ひとりに読んでもらえるわけがない。ちょっと考えればわかる非合理や非効率が、放置されたままになっていた、と澤田は感じた。

１６００ページあったマニュアルは、抜粋版として、１作業１ページで完結する漫画仕立ての１００ページに整えられた。清掃も、用具を改良したり作業工程を変えたことで、作業時間を減らすことができた。

そして澤田は、やみくもに規模を追求するのではなく、逆に店舗数は減らしてもいいから質を高めていこう、と大胆な戦略転換を後に図ることになる。

「たくさんの会社の経営や再生に携わってきて、わかったことがあるんです。それは、おかしくなった会社は、リーダーが現場を理解していないということです。だから、現場第一主義で修正をしてきた。現場を見ることは義務なんです。僕からすると、当たり前。現場目線で仕事ができない会社は破綻するんです」

世界に類を見ない５０００店舗のブランド転換

澤田の社長就任が決まっていた２０１６年９月は、ファミリーマートとユニーグループ・ホールディングスが経営統合し、サークルＫ・サンクスのファミリーマートへのブランド転換がスタートするタイミングだった。

ファミリーマートの約１万２０００店舗とサークルＫ・サンクスの約６３００店舗が統合し、

業界首位のセブン‐イレブン・ジャパンと並ぶ規模の業界第2位になる。全国のコンビニエンスストアは約6万店舗あるが、業界第3位のローソンを含めて上位3社で約90%を占めている。やはり3社の存在感は大きい。

最大のミッションは、２０１８年の秋までに、不採算店を除いた約５０００店舗のブランド転換を完了することだった。この短期間で、看板を変え、内装を変え、商品を変え、新装開店することは、世界的にも類を見ない大仕事だった。

「社長として、まずは統合を絶対に成功させる。これは大前提でしたね」

統合を成功させるため、澤田がとりわけ強く発したメッセージがある。会社の上層部、役員に対してだ。

「ファミリーマートとサークルK・サンクスという大きな組織が統合したわけですから、役員全員で一枚岩にならないといけない、ということです。これまで統合劇をたくさん見てきましたけど、統合で失敗する原因の多くは内紛なんです」

だから、社員に「一緒に頑張ろう」と言う前に、役員が一枚岩にならなければ現場に失礼だ、という考えを伝えたという。

「絶対に避けなきゃいけないのは、上層部の内紛なんです。お偉いジジイたちの権力闘争ですよ。それが会社をダメにしていく。でも、会社が統合するときには、決まってジジイたちは内紛をおっぱじめるんです。これだけは絶対に避けなければいけない、と思っていました」

社長になる前、顧問に就任していた澤田は、幾度か統合をめぐる会議に出ていた。「サークルK・サンクスではこんなふうに」「ファミリーマートではこういうやり方で」といった声が飛び交っていた。

「うぜえと思いましたね（笑）。こういうのが、一番いけない。そうすると結局また足し算になっていくんです。足し算、ラクですから。社長になるまでは黙っていましたけど、社長になったらバサバサ切っていくつもりでした。あっちを立て、こっちを立て、なんてやっていると一枚岩にはならない」

役員がワンチームになる。役員が一糸乱れず、いろいろな意見を交わしながら会社のために努力する。その背中を社員や加盟店に見せる。そうしなければ、統合は瓦解する。だからこそ、リーダーたる澤田が強く意識していたことがあった。

「誰も文句を言えない状態をつくることです。そのためには自分が一番努力する。圧倒する。ぐうの音も出ないくらいに仕事する。澤田にいわれたら、こりゃまずいな、という状態をいかにつくるかです。だって、一番努力していれば、誰も文句を言えないでしょ」

何より澤田は一人、外からやって来た門外漢なのだ。後ろ盾もない。旧知の部下もいない。誰もいないのだ。背景には、過去の自身の失敗がある。

「何十社もの経営に携わって、失敗もしてきました。社長でございい、なんてわかったようなふりをして指示を出したって、誰も動かないですよ。そんなことより、現場を理解して、吐くくらい仕事をする。失敗してからは、ずっとそうしてきました。それがリーダーの仕事です」

それから、役員みんなで目標をつくる。明確な目標をつくっていく。

「くだらない議論が始まるのは、目標がないからなんです。正しい目標、みんながコンセンサスの取れる目標。途中で変わってもいいんです。目標があれば、そこに向かってどうするか、

という議論ができる。目標がないと、どうでもいい議論をしてしまう。それがイヤなんです」

ただし、澤田が一方的に目標を定めることはしない。みんなでディスカッションをして決めていく。数字だけではない。「もっと生産性を上げる」「未来につながらない仕事はやらない」という2つの大きな方向性も、ここで定めている。

「経営者としてやるべきことは、加盟店のみなさんも、社員も、取引先も、ファミリーマートにかかわってくれるすべての人を幸せにすることに本気で取り組むことです。彼ら彼女らが、やっぱりファミリーマートで働いてよかった、ファミリーマートの仕事をしてよかったと思えないといけない。それが一番大事。会社の力というのは、一人ひとりのやる気の総和なんです。そこをどうやって舵取りするか」

だから、上層部の一致団結であり、目指すべき目標が必要になるのだ。

世界に類を見ないスケールのブランド統合は、「一刻も早くワンブランドのファミリーマートになりたい」という澤田の思いのもと、統合がどんどん加速していった。２０１８年11月末、統合当初の計画よりも3カ月前倒しで完了した。

「いやもう、本当にみんながよくやってくれたと思っています。とんでもないことです」

転換を済ませた直後の店舗では、売上げが転換前に比べ、8・7%の増加。客数も10・6%の増加という好調な滑り出しとなり、転換後1年以上たった店舗の指数も上がっている。

リーダーの仕事は2つある、と澤田は語っている。

1つは、日常的に発生する課題を解決する仕事。いま、起きている課題を的確に把握し、具体的な解決策を判断していく。だから、問題が発生している現場のことを、誰よりも理解していなければならない。

現場の実情を知らずに机上の論理だけで判断すると、的外れの決断が出てくる。それを繰り返すと次第にチームはバラバラになっていく。

もう1つが、未来をつくる仕事だ。コンビニの1年後、3年後を考えて、いまやるべきことを決めて自ら動く。これは、リーダーにしかできない仕事でもある。

自分で考えて行動する仕事の醍醐味

社長就任前に実際に店舗で店長研修を受けた澤田だが、その後も毎月のように積極的に加盟店を訪問し、売り場やオペレーションの確認を行っている。

「現場を理解していないのに、経営を語るべきではないと考えています。トップである僕が現場から乖離した発言ばかりしていたら、社員や加盟店さんは失望するでしょう。現場を理解していない上司の下で働くことは、僕自身の経験からも、とんでもないストレスなんですよ」

澤田はこれまでも現場第一主義を貫き通してきた。その経験からも、絶対に現場をわかろうとするリーダーでありたい、という強い思いがある。

そして何より澤田の価値は、さまざまな小売りの現場を見てきた経験から、コンビニという世界を見ることができることだ。

「よそから来たからこそ、おかしいと思うことをおかしいと言えることは、あるでしょうね」

ただし、おかしいと気づいても、行動に移せない難しさが組織にあることも澤田は知っている。そのほうがラクだからだ。また、いろいろ考えなくても済むように、組織というのは動いていく。

「だから、ルールやマニュアルがどんどん増えていくんです。ルールやマニュアルはラクですから。ルールやマニュアルを守っているかどうかという、わかりやすい判断基準だけで物事を見るようになっていく。とにかく、何も考えなくてもいいわけです」

そして、考えないとどうなるのかというと、ますますルールやマニュアルが増えるのだ。

「特に上層部や上司が考えないと、ルールやマニュアルがどんどん増えて、部下に負荷がかかっていく。現場にも負荷がかかっていく。これが本当に必要なものなのかを考えることなく、ただマニュアルが増えていくんです」

なかには、明文化されていないルールやマニュアルもできていく。こうして組織はどんどん硬直化していくことになる。

「僕はマニュアルをつくることを否定はしません。仕事の効率化にもつながる。ただ、時にマニュアルが独り歩きして、やらないといけないことまでやらなくていい理由を生んでしまうこともあるんです。ルールを決めてがんじがらめにしたほうが、仕事はラクになる。でも、環境というのは刻々と変わっていくんですよ」

そうした変化に対して、目を向けなくなってしまう。ルールやマニュアルが、実は弊害を生み出すこともある。

「過去に決めたことを守り続けることでうまくいく、という時代があったこともたしかです。しかし、いまの時代は過去に決めたことを守り続けることに慢心するほうが、リスクではないかと思うんです。トライ&エラーを繰り返し、失敗しても、変化していくことができるほうがうまくいく可能性が高い。僕はそう思っています」

いま必要なのは、自分で考えて行動することができる人材であり、組織にすることだと澤田は語る。

「だからこそ、自分で考えて行動する仕事の醍醐味を味わえる環境づくりを推し進めていかないといけない。僕自身も、いろんな失敗をしましたけど、自分のキャリアを振り返ったとき、自分で考えて、自分で行動した仕事こそが一番やりがいもあったし、結果も出たからです」

澤田の会社経営には、アプローチのセオリーがある。

まずは、業界や会社について深く理解する。それから、硬直化した組織を壊していく。その後に、市場性のある商品を投入していく。

このベースになるのが、現場第一主義なのだ。そして澤田は社長就任後、社内が仰天する取り組みを推し進めることになる。

加盟店オーナーの声にウソはない

現場第一主義は、現場で働くだけではない。澤田の加盟店への訪問件数は、2年半で約７０0店舗にものぼっている。時間を見つけては、澤田は加盟店を訪問してきた。多い日には、１日40店舗近く回ることもあるという。澤田の訪問を心待ちにしている加盟店も多い。

「喜んでもらえるんですよ。それがうれしい」

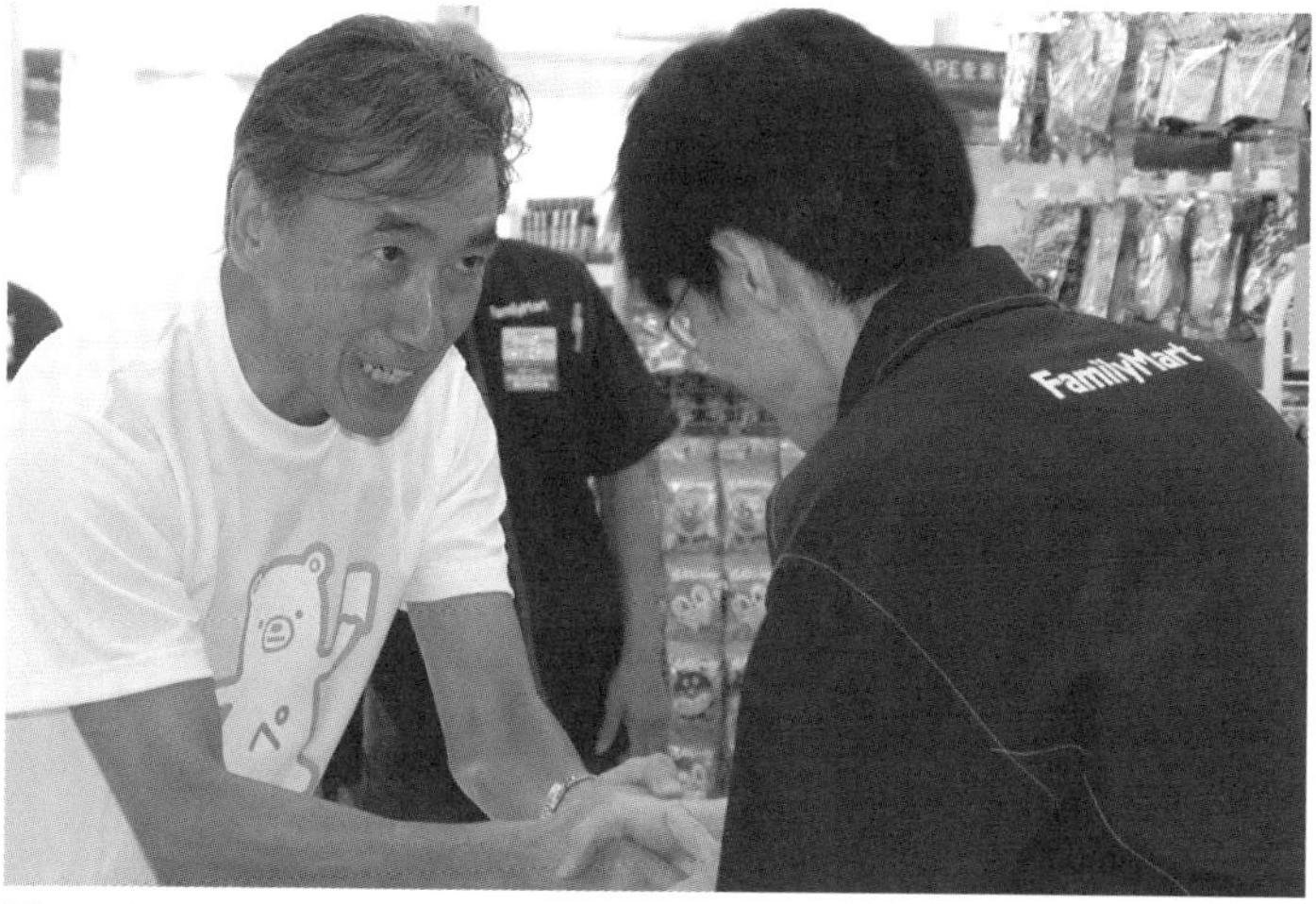

澤田は時間を見つけては加盟店を訪問している。多い日には、1日40店舗近く回ることもある。

加盟店オーナーの声に真摯に耳を傾け、店舗を後にする際には店長のみならず、スタッフも一人ずつ両手で手を握る。

本部の経営トップ自らが、積極的に加盟店を回る。それにしても、これほどの頻度とスケールは、過去にはなかったことだという。

だが、加盟店との交流は訪問だけにとどまらない。澤田は、メッセージをやりとりできる無料通信アプリのＬＩＮＥで加盟店と直接つながっているのだ。それに対して、店舗を巡回し、運営の指導を担うスーパーバイザーなどから、当初はこんな声が飛んだという。

「それはよくありません。リスクがあります」

本部の経営トップと加盟店のオーナーやスタッフが直接つながってしまうと、意見や要望、クレームがすべて澤田のもとに行ってし

加盟店訪問だけでなく、LINEでも直接つながって、意見や要望、クレームなど、加盟店の本音の声を聞いている。

まうことを懸念しての発言だったに違いない。しかし、その声を完全に無視して、澤田はどんどんＬＩＮＥでつながっていった。

「いいじゃないですか。バンバン意見が来て、それが加盟店さんの本音の声だとしたら、それを聞かないでどうするんですか。実際、バンバン来ますよ。来たら、返事をします。そして、どんどん当該部署に転送するんです」

　加盟店訪問しかり、ＬＩＮＥしかり、気づきながらも改善が先送りされているような問題点はある。澤田はそれを放置しないのだ。率先して改善策を講じるために動き、本部や現場の社員も迅速に対応するのである。

「加盟店さんの声がすべてじゃないですか。

そこにウソはない。みんなが認識しないといけないんです」

期待されているから、意見や要望はやってくる。それに応えるだけだと語る。

「課題はたくさんあるんです。そこに一生懸命、向き合って解決するかどうかで、信頼関係は築けるわけじゃないですか。問題があるんだったら、それ解決しようよ、と。それだけの話です。もちろん、すぐにはできないこともある。でも、ちゃんと認識しておく。過去にいろんなことがあったとしても、過去は過去ですから。それよりも、目の前の課題解決ですよ。そのためにも、みなさんの意見を聞きたいんです」

そして社長就任から半年後、ＬＩＮＥで直接つながるどころではない衝撃が社内に走った。澤田が、すべての加盟店を対象に店舗オペレーションに関するアンケートをとることを決めたのだ。

コンビニは本部と加盟店のタッグによって成り立っている。だが、ここ数年、メディアなどでよく聞こえてくるのが、加盟店側の不満の声だ。発注や商品、店づくりやキャンペーンなどをめぐり、本部に対して物申したい、要望を言いたい加盟店もある。

そうした声を吸収してきたのが、各店舗を担当するスーパーバイザーだった。だが、スーパーバイザーが持ってきた声を、すべて経営に反映させていくのは並大抵のことではない。上司や会社への忖度も起こる。そこで、情報は目詰まりを起こす。特に、人手不足が深刻化して以来、その傾向は顕著だった。

ところが澤田は、これまで個別に聞いていた加盟店の声を、全店のレベルのアンケートで聞く、と言い出したのである。いったいどれほどの声が集まるのか。まさにパンドラの箱を開けるような作業に懸念の声もあがった。だが、澤田は涼しい顔だった。

「現場がすべてなんですよ。現場に課題があるなら、それを解決することがすべてなんです。現場で働いている方が、どう感じているか知らないで、どうやって経営ができるんですか」

そして澤田はこうも続ける。

「直接、教えてもらったほうが、リアリティも伝わる。課題って、見えるから解決できるわけです。見えなかったら、課題はやっつけられないじゃないですか」

このアンケートはいまも年に数回、定期的に行われている。毎回４０００～５０００件程度は回答が集まるという。

「ありがたいですね。これがオペレーション改革のベースになって、優先順位をつけて問題解決に取り組む体制ができた。そして、こんな課題を指摘してもらったので、こんな改善を実施した、という報告もしています。もちろんできないことにも、その旨を報告します」

厳しい声が殺到することで、関係がおかしなものになってしまうのではないか、という懸念が本部のなかにはあったのかもしれない。しかし、澤田はそうは考えていなかった。

「加盟店さんだって、僕らだって、プロなんです。結果を出したいわけです。どっちが悪いとかではなくて、どうやったら双方、有意義な関係を築けるのか。それをガチンコで議論する必要があるんです」

現場の問題提起を本部が真摯に受け止め、本気で解決に取り組んでいると知ってもらう努力も大事なことだ。もともと共存共栄の関係にある。そこに立ち戻るということだ。

「大事なことは、信頼関係なんです。もちろん、なかには厳しい声もある。本部に対して不満の声もある。でも、おかしな声はほとんどありません。むしろ、的確な課題が多い。それこそ、

いい報告ばかり上がってくる組織はおかしいんです。悪い報告こそ、どんどん持ってこい、と僕は常に言っています」

だから、あらゆる業務で徹底してアンケートをとれ、と澤田は言っている。そして寄せられた回答はすべてオープンにせよ、と。実際、澤田が行う社内向けの講演までアンケートをとっている。しかも、社内で共有するときにも一切精査されず、むしろネガティブなフリーコメント、澤田への辛辣な声からあえて順に並べているのだ。

「そのほうが気がラクですよ。丸裸になったほうがラク。実際、加盟店さんや社員はそう思っているわけですから」

本部の仕事は、現場のオペレーションを改善すること

自ら店舗で研修を受けた経験、さらには加盟店への大胆なアンケートによって、ファミリーマートではオペレーションが次々に変わっている。結果として、店舗の業務効率が上がった。これはアンケート結果にも表れている。

アンケートでは総業務時間やオペレーションの改善度合いを聞いてきたというが、2018

年では、加盟店アンケート（年平均）での「昨年度と比較して店舗作業は削減しましたか？」の問いに、過半数の加盟店が「削減した」と回答している。

「いや、でもまだまだです。できることはまだまだたくさんあると思っています。特に改革しないといけないのは、本部側の意識なんです。特に本部からの提案は、ともすれば独りよがりなものになりがちだからです」

たとえば、ホットスナックの揚げ物。レジ前のカウンターではファミチキやコロッケなどが販売されているが、店舗には冷凍された状態で運ばれる。だが、袋に何も書かれていなかったため、ファミチキなのかコロッケなのか、中身を見て判別しなければいけなかった。これが意外に大変だった。

「袋に大きく商品名を記載する、といったちょっとした工夫なんですよ。それだけで、現場の負担軽減になるんです」

ホットスナックについては、商品開発担当者が「ある商品は4分30秒、別の商品は5分など揚げ時間の違いでこんなにおいしくなる」と言ってきたという。

「そうかもしれませんが、商品ごとにそれぞれの揚げ時間を店舗のスタッフが覚えるのは、大きな負担です。商品開発の段階で工夫して、前工程で調整することで時間を均一化できるよう進めています」

ニーズの変化についても、迅速に対応している。宅配便に関しても、最近はフリマアプリのメルカリの扱いが増えている。そこで、荷物のサイズ測定を店舗でしなくても受付ができる仕組みに変えた。

「本部の仕事は、仕組みを改革していくことなんです。それこそ今日から働きはじめたスタッフにも、現場では即戦力として活躍してもらわないといけない。主婦の方もおられますし、シニア、高校生、外国人など、多様な方々が働いてくださっている。ファミリーマートを選んでよかったと思える環境にしていかないと」

だからこそ、現場からの課題収集が重要になる。こういうことができるのも、アンケートをはじめ、現場の状況を本部が把握できているからだ。

「小さなことに思えるかもしれませんが、そのちょっとしたことが積み重なって、大きな負担になっているんです。それが、店舗スタッフの満足度を下げることになりかねない。逆にいえば、日々のオペレーションを改善することで、現場のモチベーションは大きく向上します。だから、どんどん変えていくことが大切なんです」

本部主導での抜本的な仕組みの改革にも取り組んできた。その1つが、店舗での入荷商品の検品作業をしなくても商品を売り場に並べることを選択できるように変更したことだ。

「出荷時の検品精度は、いまではかつてに比べてとても向上しています。数量違いのミスが発生する確率は金額ベースで0・01％未満です。店舗の現場で行う検品との差はほとんどない。それなのにいまも検品が行われているんです。マニュアルがあるからです。でも、そのマニュアルは現場だけでなく、お客さまにもご迷惑をかけているんです」

検品をすることで、商品が店頭に並ぶまでに時間がかかるからだ。

「お客さまがすぐに買いたいと思っていても、お売りすることができないことが起こりえます。これではおかしいわけです」

店舗が抱えていたのは、こうした具体的な悩みだった。しかし、これまで本部は把握できていなかった。できていたとしても、なかなか動けなかった。

「おそらく、検品は当たり前と思っていたのだと思います。しかし、これは当たり前という発想を壊していかないといけない。いまでは本部の社員からも、提案がくるようになりました。経営陣が既存の枠にとらわれない発想を後押しすれば、社員は自発的に動いてくれるんです」

24時間、３６５日、加盟店が売上げをつくっている

澤田の発想のベースにあるのは、現場第一主義であり、加盟店を起点にして物事を発想していくことだ。〝センター〟はあくまで店舗だ、と澤田は言う。

「加盟店起点は、当たり前のことなんです。どうしてかというと、こうして取材を受けている時間にも、１万６５００もの店舗が１００円、２００円という売上げをつくってくださることで、ファミリーマートは成り立っているからです」

ファミリーマートは、本部があるから成り立っているのではない。約１万６５００の店舗があるから成り立っているということだ。

「コンビニというものを改めて考えてみたとき、それを真っ先に思いました。加盟店さんがセンターなんです。心からそう思っている。だから、本部も変わらないといけないと考えました。ファミリーマートでは、どこを起点に発想するか、です。間違いなく変わったと思います」

社長に就任したとき、社員が極めて真面目で誠実だという印象を持ったという。ただ、会社の戦略が「規模の拡大」という方向に一点集中し過ぎていたと感じた。

「規模の追求は、もちろんかつては必要だったわけです。それによって、今日これだけの店舗数を誇ることができたことは間違いない。ただ、人口減少下での出店競争を続けることは、既存店が厳しい状況になり、前年割れが続くなかで生産性を悪化させてしまうことになります」

いま、問われるべきは、先にも書いた２つの方針、「もっと生産性を上げる」「未来につながらない仕事はやらない」に合致するかどうか、だ。

「時代は変わったんです。既存店をもっと改善して、質の向上に転換すべき時期が来ていると僕は思いました。会社や本部都合の発想から、地域やお客さま都合の発想に変えていかないといけないということです。それが、加盟店起点の意味なんです。大胆な改革ですけど、過去の否定ではありません。時代の変化で社会の状況が変われば、方針を転換せざるをえないんです」

本部が現場の視点に立てていなかったことで、時代に合った見直しがなされず、ひずみが生まれていた。その問題の本質を、現場に行くことで澤田は気づいたのだ。

現場のオペレーションだけではない。スーパーバイザーに同行することでも、問題点は見えてきた。

「スーパーバイザーに同行して店舗を回ったとき、移動途中に店舗があったのに通り過ぎてしまったんです。担当する店舗が不自然に離れていたんです」

どうして近くの店舗を担当しないのか、そのほうが効率よく訪問できるのではないか、と言うと、こんな返事が返ってきた。「オーナーさんが少々気難しい方なので、担当はベテランがしています」と。

「それはおかしいわけです。加盟店さんと膝を突き合わせて、店舗をよりよくする方法を考えるのがスーパーバイザーなんです。オーナーさんが気難しいなんて関係ない。結果的に非効率な人員配置を許していたわけです」

効率的に訪問すれば、スーパーバイザーが店舗について考える時間はもっと増やせる。伸び代はまだまだあったのだ。

「現場の人手不足は日々、深刻化しています。オペレーションを簡素化して負担を軽減していく一方で、店舗の質を向上させ、お客さまの支持を勝ち取っていかないといけないんです」

そのためにスーパーバイザーが店舗に寄り添い、もっと加盟店のために仕事ができるよう、ＩＴを活用したり、就業ルールを見直したり、仕組みを変えていかないといけないのだ。

「こうした問題を見つけて、愚直に一つひとつ解決していく。でも、過去のやり方を根底から否定するものではないんです。そのときには、それが正しい方法だったのだと思います。過去の経験の上にさらにイノベーションを起こしていくことで、企業の成長は成し遂げられていく

もの。いまは、その時期だということです」

加盟店起点の発想に変えるというメッセージは、さまざまなところに込めた。

わかりやすいところでいえば、社内で「政策発表会」と呼ばれていた加盟店向けの年度の方針を説明する会の名称を変えた。エリアごとに全加盟店が集まり、本部の年度方針や商品などを発表する場。関東なら、1回あたり1500店舗のオーナーなどが集まり、これが3日間続くという大規模なものだ。

「いまは『感謝のつどい』という名前になっています。実際、本部が感謝する場としてコンテンツも変えました。ここでも主役は加盟店さんです。せっかく来ていただくんですから楽しんでもらいたいんです。そもそも生産性は、楽しくないと絶対に上がらないですから」

ファミリーマートにとって、加盟店がいかに大事か。この澤田のスタンスはいまもまったくぶれることがない。

「加盟店さんがすべてですから。加盟店さんのことが理解できなければ仕事なんてできない。加盟店さんのおかげでファミリーマートが成り立っているということを、本部が理解しておか

エリアごとに全加盟店が集まり、年度方針や商品などを発表する政策発表会は「感謝のつどい」に名称を変え、本部が加盟店に感謝する場になっている。

ないといけない。そうしないと、誤解する人間が現れるんです」

ファミリーマート全体では、年間売上高は３兆円規模になる。仕入れている金額は、実に兆単位だ。とんでもない金額の取引をしている会社なのである。取引先である大手飲料メーカーからは、１社だけで７００億円以上になる会社もある。

「本部にいると、ともすれば勘違いしてしまう危険があるんです。自分が大きなビジネスをしているような気分になってしまう。おかしくなってしまう。偉そうに振る舞ったりする人間が現れる。小売りには、そういうリスクがあるんです」

常に加盟店から始まるという意識を徹底することで、リスクは防げると澤田は言う。

「その勘違いは大きな間違いですからね。何度も繰り返しますけど、加盟店さんがいま、この瞬間も１００円、２００円と売ってくださっているからこそ、そういう大きな仕事ができるわけです。それが原点です。絶対に勘違いしてはいけない」

澤田が現場でのスタッフ研修を受けてから、役員も続々と現場で仕事を経験するようになった。本部の社員も、現場が忙しい時期には積極的に駆けつけるようになった。加盟店起点の発想は、着実にファミリーマートに根付いてきている。

第2章

【意識改革】
やりたいことに
徹底的に、こだわる

INNOVATE THE MINDSET

20年かかってやってきた、天命

毎朝、５時に起床するところから、澤田の１日は始まる。

スタートは、毎日のトレーニングだ。まずはエアロバイクを45分。距離にして約20キロ。それから、腕立て伏せと腹筋運動を各１００回。その後はストレッチ。約２時間のフィジカルトレーニングは、すでに日課になっている。週末のどちらかは、加えて２、３キロ泳ぐ。

「健康って何より大事じゃないですか。身体の状態がよくなくては、健全な判断も、すぐに行動を起こすこともできません」

夜は会食が毎日のように入っている。〝ダブルヘッダー〟になることすらある。そうなると、フィジカルを整える時間は朝しかない。

１年に何度か、トライアスロンの大会にも出る。ただし、タイムへのこだわりはない。完走することで、身体と心の充実ぶりを確認するという。無理をすることは絶対にしない。

新卒で入社した伊藤忠商事を退職したのは、38歳のとき。それから20年経って、古巣の伊藤忠から声がかかって、澤田がファミリーマートの社長に就任したことは、大きなニュースになった。だが、実は偶然そうなったわけではない。20年前、澤田は伊藤忠に小売業への進出を提案し続けていた人物だったのだ。

「もともと僕は、小売業をどうしてもやりたくて、伊藤忠を辞めた人間なんです。その意味では、家出した息子に親から声がかかったようなものでした。本当に意気に感じましたし、自分の活動を見ていてくれたんだとうれしく思いました」

伊藤忠で澤田は化学品を扱う部門にいた。ところが入社12年目の１９９２年、常務取締役業務本部長から直接、澤田に内線がかかってきた。業務本部は、戦時中、大本営作戦参謀を務めた経験を持つ瀬島龍三がつくったといわれる全社の経営方針を策定する部署。伊藤忠のなかでも、精鋭が集まることで知られていた。

澤田が命じられたのは、イトーヨーカ堂と一緒に、アメリカのセブン-イレブンの母体、サウスランド・コーポレーションを買収して再生するというビッグプロジェクトだった。

セブン-イレブンは日本でイトーヨーカ堂グループが展開していたが、彼らにセブン-イレブンを紹介したのは、伊藤忠だったのだ。

日本でセブン-イレブンは急成長し、伊藤忠も大きな利益を得た。ところが、アメリカでセブン-イレブンを運営するサウスランド・コーポレーションの経営が傾いてしまう。

当時、セブン-イレブンのライバル、ローソンを展開していたのは、中内㓛が率いる大手スーパーのダイエー。そして、ファミリーマートを展開していたのは、堤清二が率いる大手流通のセゾングループだった。もし、ダイエーやセゾンがアメリカのセブン-イレブンを買収することになると、日本のセブン-イレブンの看板がローソンや他のチェーンの看板に替わってしまうといううわさがあった。

そこで、イトーヨーカ堂から依頼を受け、伊藤忠も出資、サポートをして、アメリカのセブン-イレブンを再建することになったのだ。

さまざまな部門を横断するプロジェクト。若くて元気で優秀な人間に任せたい、と伊藤忠の経営陣は考えた。このとき、同期で最初に課長に昇進するなど、化学品部門で頭角を現していた澤田に白羽の矢が立ったのである。

澤田にはまったく小売りや流通の経験はなかった。これは後に詳しく書くが、伊藤雅俊や鈴木敏文など、イトーヨーカ堂、セブン-イレブン・ジャパンの幹部たちとプロジェクトを進めていく過程で、すっかり小売り・流通の魅力に取り憑かれることになる。

「それはもう衝撃でした。商社の化学品部門で当時僕がやっていたのは、言ってみれば、右から左に商品を流して、その手数料を1%、2%もらっているだけだったわけです。ところが流

通は、お客さまと真正面から向き合って、お客さまの求めているものを追求して、リスクを取って利益の源泉に迫るビジネスをして大きな利益を出していたんです」

当時、セブン-イレブンの時価総額は、伊藤忠のそれを上回っていた。それだけのポテンシャルがこのビジネスにはあったということを示していた。

「これは絶対に伊藤忠もやらないといけない、と思いました。日本のマーケットは大きい。伊藤忠には資金力もあれば、優秀な人材もいる。いろんなネットワークも持っている。まさに伊藤忠こそが小売業を立ち上げるべきだ、と思ったんです」

１９９５年の年末には、当時の伊藤忠商事社長、室伏稔に、澤田は直接、手紙を書いている。商社は本格的に流通業に参画すべきである。いまやらないと後悔する。絶対にやるべきだ、と。実はいまも、その熱い手紙が残されている。

室伏は興味を持ち、わずか８日後の１９９６年の社員向けの年頭挨拶のなかで今後の経営方針の１つに加えてくれた。他の経営陣から、「面白いことを言う」「おそらくそうだろう」という反応もあった。小売り参入の準備をする専任の組織ができたが、経営会議で了解をもらえない限り、実務としての物事は進まない。澤田は経営会議で、新規事業に関するプレゼンテーシヨンの時間をもらった。だが結局、提案は通らなかった。

「僕に能力がなかったからです。青臭かった。夢ばかり語ってしまった。伊藤忠ではできない、と判断する能力もなかった。最後に、言われました。澤田君、10年待て。そうすれば絶対にお前の夢は実現できる」

しかし、澤田は待てなかった。経営会議後に、社長に直訴するほどだった。別の役員には、こっぴどく論破された。

「本当に小売業がやりたかったんです。人生を懸けて、小売業に出たかったんです。やりたいことが見えたのに、やらせてくれないなら意味がない」

澤田は退職を決断する。会社にしがみついて、逃げることは絶対にしたくなかった。日本の流通業でトップになってやる、と思った。その密かな自信があった。

１９９７年4月、退職の日。社長の室伏が食事に誘ってくれたのを、澤田はいまもよく覚えている。２人で飲んで語り合った。

あれから20年。流通の世界で名前が知られるようになった澤田に、今度はファミリーマートの筆頭株主となっていた伊藤忠から声がかかったのだ。

「ドラマですよね」

しかも、澤田が圧倒され憧れたセブン-イレブンの競合、ファミリーマートの社長の職である。まさに、天命だと思った。20年かかってやってきた、天命だった。

父親の葬儀で知った、人として大切なこと

1957年、澤田は石川県に生まれている。山あいの標高900メートルにある吉野谷村（現白山市）だ。積雪が3メートルにもなる豪雪地帯。小学校の同級生は11人しかいなかった。小さな学校だったが、6年生のとき児童会長も務めるなど、「お山の大将」の気質は小学校時代からあった。

中学時代も生徒会長を務め、一方で野球部に籍を置きながら、他の運動部にも駆り出された。夏は水泳部、秋は相撲部や陸上部、冬はスキー部。

高校は、金沢市内にある県立金沢桜丘高校に入学した。山あいの家からは通えず、下宿生活を送った。中学時代もやっていた野球部に入部した。この高校は文武両道の学校として知られ

ており、野球部は甲子園への出場経験もあった。入部しても、ボールもバットも触らせてもらえない。球拾いやうさぎ跳びなど、厳しい基礎練習の日々。澤田はそれに耐えられなかった。野球部にいたのでは、勉強ができなくなる。そんな口実で、半年でやめた。

「でも、本当は自分のレベルでは通用しないと思ったんです。お山の大将の気質が抜けず、カッコつけてしまった」

初めて、目の前にある辛いことから逃げた。そのまま逃げの気持ちを引きずってしまい、成績も上がらなかった。学年360人中、300番前後をふらふら。下宿は成績の悪い友達の溜まり場になった。

野球はあきらめたものの、得意なスキーを続けたくてスキー部に所属。県大会や北陸3県の大会に出場している。しかし、野球部をやめたという挫折は、後々まで澤田の大きな心の傷になっていく。もう二度と逃げない。後に伊藤忠で自分のやりたかった小売業ができないとわかったとき、何のためらいもなく安定した大手企業を去ったのは、このときの強い思いがあったから、かもしれない。

高校時代は結局、悶々として過ごすことになり、勉強もほとんどせず、大学受験も全敗してしまう。1年浪人した後、上智大学理工学部に入学した。ここで出合ったのが、アメリカンフットボールだった。

「スキーをやろうと思っていたんです。話を聞いてブースを出たら、すぐ隣がアメフト部で。君は体格がいいねぇ、練習を見に来ないか、終わったらメシを食いに行こう、と誘われて」

初めてアメフトの練習を見た。カッコいいと思った。練習が終わり、先輩から食事をご馳走になり、入部を決めた。

アメフトは、頭脳プレーのスポーツだ。緻密な戦略を立て、試合に臨む。役割分担もはっきりしており、攻守によって選手が激しく入れ替わる。しかし、澤田が所属していた頃のアメフト部は、とにかくメンバーが少なかった。キックオフから終了まで、ずっと出っぱなしということも珍しくなかった。戦略は立てるものの、実践となると、それどころではなかった。

そこで培われたのが、澤田の好きな言葉で、後に自分の会社の社名の由来にもなる「気合いと根性」だ。理屈ではなく、とにかく走った。アメフト漬けの4年間を過ごし、最後はキャプテンも務めている。だが、このアメフトが伊藤忠への就職の道を切り拓くことになる。

後に澤田は27歳で、父親を亡くしている。まだ59歳。両親は教育者だった。澤田は高校1年から金沢で賄い付きの下宿で生活を始め、大学も一人で、会社に入ってからも一人で暮らしていた。年に何度か帰省はするが、父親に会っても、それほど話をすることはなかった。生意気なことを言うと、「生意気になりやがって」と怒られた。

そんな父親が、事故で亡くなった。好きだった山歩き中の転落死だった。

「驚いたのが、葬儀でした。人口２０００人ほどの小さな村で、約２０００人の方が来てくださったんです。しかも長男として喪主を務めていた僕に、『お父さんには本当にいろんなことをご指導いただいた』『何から何までお世話になった』と初めて会う人たちが声をかけてくださって」

澤田は感動すると同時に、衝撃を受けた。15歳から12年ほど、父親とはほとんど会わない状態が続いていた。その間もずっと、父親は多くの人たちを支援していた。

「死んでから人に感謝されるのは、スゴイことだと思いました。亡くなったときにこそ、人は評価されるのかもしれないな、と。それからは、亡くなったとき、どれだけの人が感謝してくださるのか、それこそが大事なんだと思うようになりました。たくさんの人に感謝してもらえるような生き方をしたい、と」

父親が利害関係のない周りの人たちに慕われたのは、きっと日頃から周りの人の幸せを優先するという「利他」の精神で生きてきた証しだろうと澤田は思った。

「いまも僕には、自分さえよければいいという『利己』の部分がたくさんあります。でも、実際には、人のことを幸せにしないと、自分は幸せになれないんですよ。人に感謝すること、人のために尽くすことが、いかに大切か。親父の死が、それを教えてくれました」

元気でいられるのも、ファミリーマートという会社で社長という仕事ができるのも、すべては周囲のサポートや理解があってこそ、社内外で多くの仲間が頑張ってくれているからこそ。インタビュー中、その思いを何度も強調していた。

100億円のビジネスが半年でゼロに

大学4年で就職活動が始まった1980年、澤田が興味を持ったのが総合商社だった。

しかし、アメフト漬けで勉強はしていなかっただけに、総合商社への入社はとても無理だと考えていた。そんなある日、伊藤忠にいるアメフト部のOBから連絡があったのである。伊藤忠に入社する気はないか、と。

「いまから思えば、当時は体育会系の学生が採用されやすい風潮があったのかもしれないですね。ＯＢの支援もあって内定をもらうことができました」

大学の担当教授からは、「君の成績で伊藤忠なんて奇跡だ」と言われた。それまでギリギリの単位取得で進級していた。物理学科から伊藤忠に入社した学生はいなかった。

伊藤忠の同期入社には、ファミリーマート前社長の中山勇がいる。澤田の配属は、有機化学品の部門。大手化学メーカーを取引先に、化学原料などを扱った。忙しい商社の仕事が始まった。横浜の独身寮には終電で帰り、始発で出社した。

入社２年目、異例の出来事が起きた。ニューヨークでの研修を命じられたのだ。

「２年目でニューヨークなんて、過去に誰もいなかったんです。ぶっちぎりの若さでした。外国為替、貿易実務、英語文法、英語会話という４つの試験を全部落ちたのに」

１９８３年２月、ニューヨークに着いて、とんでもないことをしでかしたのを澤田はいまも覚えている。

「初日、着いてすぐに僕の頭にあったのは、眠さと空腹でした。なんとかオフィスに着いたんですが、もうフラフラになっていて、見つけたソファで横になったんです」

それがアメリカ法人の役員応接室だった。会社では大騒ぎになった。オフィスに澤田が見あたらない。そういえば空腹と言っていた、マンハッタンに何か食べに行ったんじゃないか……。ところが夜8時を過ぎても戻ってこない。駐在員は手分けして探し回った。

「日本の人事部にも、澤田がいなくなった、と電話が行って……。いやもう大騒動ですよ。そんなこととは知らず、僕は応接室でスヤスヤと（笑）」

目が覚めて、オフィスに出ていった澤田が先輩たちに大目玉をくらったのは言うまでもない。澤田はひたすら謝るしかなかった。そして当時、マンハッタンが決して治安のいい場所ではなかったことを改めて知った。だから、心配されたのだ。

「僕は、英語がまったくできませんでした。研修では、仕事をしながら英語が勉強できることになっていた。ニューヨークに1年いれば、いろんな経験をしながら英語もペラペラになるだろうと渡米した。ところが、治安が悪くて日本人同士で固まっていたんです」

スラムもあるような街中を、日本人は自由に出歩いたりできなかった。

「オフィスはほとんど日本人。みんなで固まって住んでいる。独身寮も日本人だらけ。これでは、英語の勉強などできません」

日本人が住んでいなさそうなエリアに引っ越そうとすると、上司は認めてくれない。澤田はあきらめなかった。日本人がいないところに出してほしい、と直訴した。そして送り込まれたのが、当時、日本人の社員がほとんどいないヒューストン事務所だった。

「こんなわがままは普通、聞いてもらえませんが、かなり言い続けましたので、ラッキーにも聞き入れてもらえました。ヒューストンでは日本語を断とうと思って、日本人とはほぼ会わずにアメリカ人の同僚の家に住み込みました」

同僚の高校生の息子と仲良くなり、朝から晩まで英語漬けになった。たった10カ月だったが、英語はひととおりできるようになった。やりたいことに徹底的にこだわって、実現させた思い出深い経験になった。

だが、帰国すると、同期はもう花形の営業に出ていた。そのうち後輩にも追い越された。ようやく営業に出たのは、６年目。欧米のメーカーから化学品を購入し、日本やアジアの取引先に渡す仕事だ。あるとき、先輩から１００億円規模のビジネスを引き継いだ。ところが、その１００億円が、半年でゼロになってしまう。

「海外の原料メーカーが、伊藤忠を通さずに直接、取引先に売りはじめたんです。後になって思うと、その先輩は直接取引の流れを薄々感じ、自分がロンドン駐在になることを見越して、僕にそのビジネスを渡したんだと思います」

上司や周囲からは、澤田にビジネスを渡したら１００億円の商売がなくなった、とずいぶん怒られた。ところが、しばらくすると、取引先から相談が来た。直接取引したら、メーカーが値段を高くしてきた。サービスも悪くなった。きめ細かい調整ができなくなった。同じような商品をいい条件で持ってきてくれたら、もう一度ビジネスをしてやる、と。

先輩たちからは、このビジネスは二度と復活しない、と散々言われていたが、お客さまが自分に期待をかけてもらっていることが、澤田はうれしかった。あちこち駆け回り、別の原料メーカーを見つけて、小さなビジネスから始めていった。

「絶対に復活させると徹底的にこだわって頑張った結果、一度失った100億円のビジネスが、最後は300億円のビジネスになったんです。ラッキーでしたが、自分がこうしたいと思うことに、とことんこだわることの大切さを改めて知りました」

このとき、新たに見つけた取引先の1つが、旭硝子だった。三菱商事と深いパイプがあり、並大抵のことでは割って入ることはできなかった。澤田は日参を繰り返し、小さなチャンスから取引をスタートさせ、100億円規模のビジネスにすることに成功する。

その旭硝子で、工場勤務を経て本社にやって来て担当者になったのが、後に澤田がファーストリテイリングに誘い、リヴァンプを一緒に立ち上げることになる玉塚元一である。

衝撃を受けた、小売業のトップが自ら汗をかく姿

1992年、入社12年目の澤田にアメリカのセブン-イレブンを再生させるプロジェクトに声がかかったのは、先に書いたとおりである。

アメリカのダラスにあるセブン-イレブンの母体、サウスランド・コーポレーションが、日本でいう民事再生法、チャプター11に入って倒産するという事態になったのだ。

数百億円でサウスランド・コーポレーションの買収案件をまとめ再生させる、このビッグプ

ロジェクトに参加した経験が澤田の運命を変えた。

「これが小売業との出合いでした」

しかも、日本の会社がアメリカの大チェーンを買収し、日本の経営者が乗り込んで再生していく。

「チームの一員としてやらせてもらって、こんなに面白い仕事はない、と思ったんです」

まずは日本のセブン-イレブンの店舗で、小売業がどんなものなのかを教わった。衝撃的だったのは、イトーヨーカ堂の創業者、伊藤雅俊やセブン-イレブン・ジャパンの生みの親、鈴木敏文の現場に対する強烈な思い入れだった。

「そんなに偉い人が、現場に行って従業員に細かく話を聞いてメモをしているわけです。これでお客さまは喜んでいるか。現場のための仕事になっているか。従業員、お客さまに学ぶ姿勢が徹底していた」

ショックだった。伊藤や鈴木からはっきりと見えてきたのは、誰のために仕事をしているか、だった。

「それまで化学品のトレーダーをしていた自分は違った。自分のためにずっと仕事をしていたんです。右から左に、言ってみれば仲介するだけです。そんななかで、会長と社長自らが、お客さまにとってどうか、現場の社員にとってどうか、とお客さまや現場のために自ら汗をかく姿を見た。これは、本当に衝撃でした」

現場で汗をかいて顧客を知れ。伊藤忠でそんなことを教えてくれる人は、残念ながらいなかった。それだけに新鮮でもあった。澤田も店頭に立ったが、顧客ニーズへの対応のすばやさにも驚かされた。午前中に本部から指示が出たら、昼頃には売り場がもう変わっていたのだ。

「お客さまに満足していただく。働く人に満足してもらう。このバリューをつくったら、いろんなことができる。それを押さえたら川下から川上にも上がっていける。それを確信しました。伊藤忠がやるべきは絶対にこっちだ、と」

そして、うまくいっている小売業は、緻密に計算された合理性があることにも気づいた。

「ただ、当時の日本の小売業では科学的な管理手法で経営している会社がものすごく少ないことにも、気が付いたんです。当時はまだ、店を出せば売れる時代でしたから」

　小売業の生産性が一気に落ちるのは、２０００年頃。澤田が伊藤忠に小売業を進言してから5年後のことだ。小売業にもっともっと科学的な視点を持ち込めば、きっとうまくいく。小売業には大きな地殻変動が起こる。それを澤田は見越していたのだ。

「マーケットが大きいのに、近代化した経営をしている人が少ないわけですから、ものすごい大きなポテンシャルですよ。そこに身を投じたいと思いました。そのほうが、自分のバリューも出せると思ったんです」

　実はこの科学的経営こそが、面談時にすっかり意気投合し、ユニクロを展開していた柳井正のもとに澤田が行く理由になるのだが、それは後に書く。

　澤田が携わったビッグプロジェクトは、うまくいった。アメリカでは、１９９０年頃には、上場コンビニの大半が破綻していた。24時間営業の巨大なディスカウントストアもあり、とにかく競争が激しかった。

それでも日本のスタイルで少しずつ顧客の支持を獲得し、売上高や利益が回復していった。日本の経営のやり方が、アメリカでも通用したのだ。小売業の奥の深さに、ますます興味を持った。商社は小売りビジネスをやるべきだ、という思いはますます強くなっていった。

そんなとき、社長に手紙を書いたらどうか、というアドバイスをもらった。そして１９９５年12月27日、「リーテイル戦略　ＩＴＣの収益構造の抜本的改革へのチャレンジ」と題した手紙を書き上げ、社長の室伏に渡した。ＩＴＣとは、伊藤忠商事のことである。

１月４日の仕事始め。社長の年頭挨拶で、こんな言葉が室伏から発せられた。

「特に私が強調したいのは、リーテイル関連事業への思い切った参画による収益拡大だ」

澤田はいまも覚えている。

「これには、跳び上がりそうになりました。社長がこう言ったわけです。コミットメントですよ。数日後には、具体的な戦略をレポートにまとめて、社長に提出しました」

小売業に関心のありそうな同僚たちに声をかけ、上司の了解を取り付けて専門部隊の立ち上げ準備に動いた。流通業界や食品業界のトップたちにも会いに出かけ、話を聞いた。

「まず考えたのは、まだ日本に進出していない大手外資系の流通業を持ってくることでした。

「それなら、伊藤忠の取引先との軋轢も避けることができます」

チームをつくり、さまざまな会社をリストアップしたが、会社の上層部からはいい返事はもらえなかった。時期尚早という判断だった。

社長宛ての手紙から、約1年半。澤田はチームを解散し、会社を辞める決意をする。

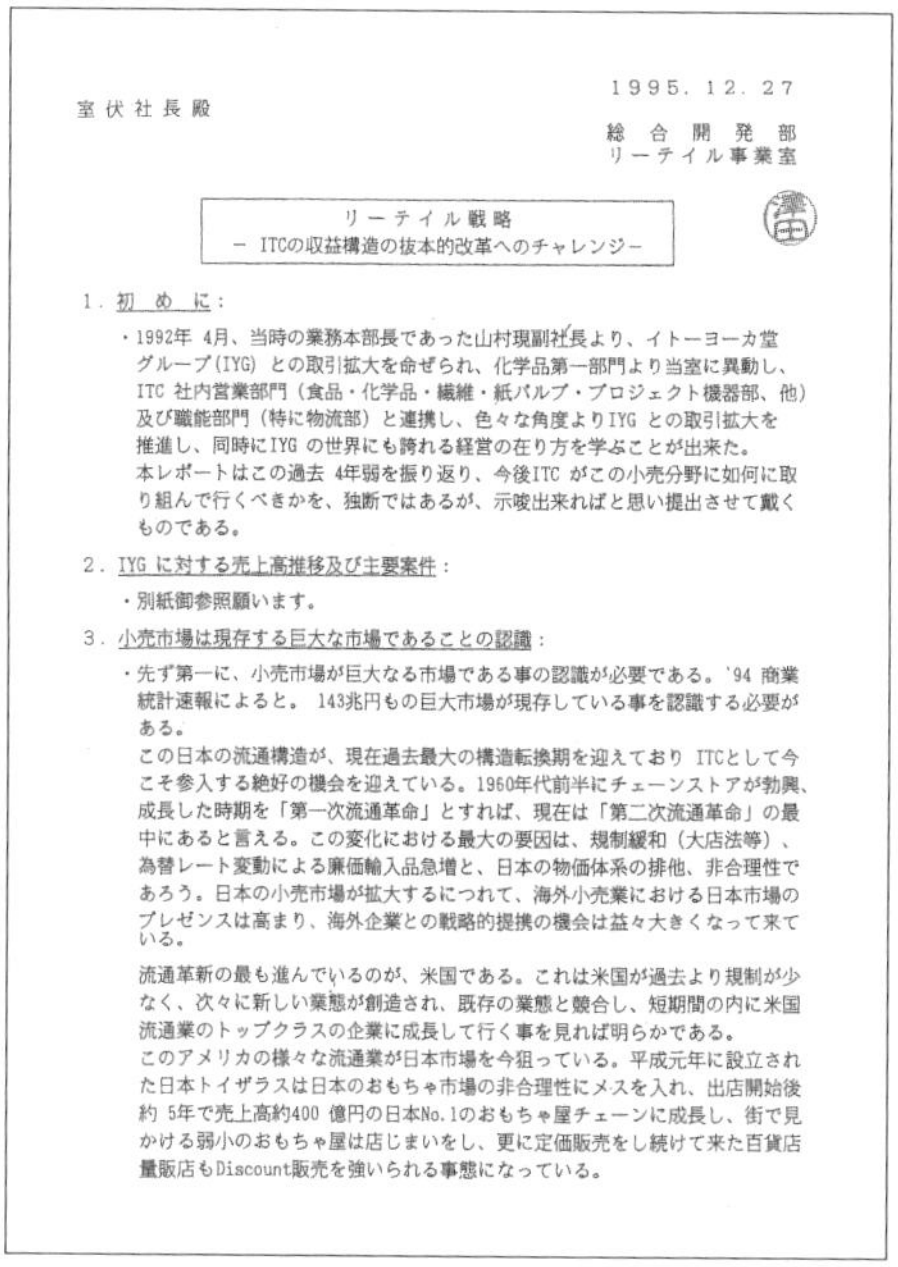

室伏社長殿

1995.12.27

総合開発部
リーテイル事業室

澤田

リーテイル戦略
− ITCの収益構造の抜本的改革へのチャレンジ−

1．初めに：

・1992年 4月、当時の業務本部長であった山村現副社長より、イトーヨーカ堂グループ(IYG) との取引拡大を命ぜられ、化学品第一部門より当室に異動し、ITC 社内営業部門（食品・化学品・繊維・紙パルプ・プロジェクト機器部、他）及び職能部門（特に物流部）と連携し、色々な角度よりIYG との取引拡大を推進し、同時にIYG の世界にも誇れる経営の在り方を学ぶことが出来た。
本レポートはこの過去 4年弱を振り返り、今後ITC がこの小売分野に如何に取り組んで行くべきかを、独断ではあるが、示唆出来ればと思い提出させて戴くものである。

2．IYG に対する売上高推移及び主要案件：

・別紙御参照願います。

3．小売市場は現存する巨大な市場であることの認識：

・先ず第一に、小売市場が巨大なる市場である事の認識が必要である。'94 商業統計速報によると。 143兆円もの巨大市場が現存している事を認識する必要がある。
この日本の流通構造が、現在過去最大の構造転換期を迎えており ITCとして今こそ参入する絶好の機会を迎えている。1960年代前半にチェーンストアが勃興、成長した時期を「第一次流通革命」とすれば、現在は「第二次流通革命」の最中にあると言える。この変化における最大の要因は、規制緩和（大店法等）、為替レート変動による廉価輸入品急増と、日本の物価体系の排他、非合理性であろう。日本の小売市場が拡大するにつれて、海外小売業における日本市場のプレゼンスは高まり、海外企業との戦略的提携の機会は益々大きくなって来ている。

流通革新の最も進んでいるのが、米国である。これは米国が過去より規制が少なく、次々に新しい業態が創造され、既存の業態と競合し、短期間の内に米国流通業のトップクラスの企業に成長して行く事を見れば明らかである。
このアメリカの様々な流通業が日本市場を今狙っている。平成元年に設立された日本トイザラスは日本のおもちゃ市場の非合理性にメスを入れ、出店開始後約 5年で売上高約400 億円の日本No.1のおもちゃ屋チェーンに成長し、街で見かける弱小のおもちゃ屋は店じまいをし、更に定価販売をし続けて来た百貨店量販店もDiscount販売を強いられる事態になっている。

室伏稔社長に小売業への参画を直訴した手紙。

「僕の力不足もありました。でも、こんな会社は面白くない、とも思いました。日本の流通業はこれから絶対に面白くなる。劇的に変わっていく。僕はそう思っていました。流通業のトップになる、面白い会社をつくる。その夢は伊藤忠ではできないと改めて思ったんです」

10年待てばお前の夢は実現で

きる、という伊藤忠からの声にも、澤田はなびかなかった。
1997年4月、澤田は退職する。伊藤忠がファミリーマートの筆頭株主となり、小売業に本格参入するのは、翌1998年2月のことだった。

柳井正との衝撃的な出会い

伊藤忠を辞めて澤田がまずしたことは、人材会社への登録だった。そこで紹介されたのが、山口県宇部市に本社のある小さな会社だった。売上高は約400億円、営業利益は20億円ほど。広島証券取引所に上場していた。時価総額は180億円ほどだった。

後に、ユニクロのフリースブームをはじめ、日本の流通業を席巻することになる、ファーストリテイリングである。澤田が在職した5年で、売上高は10倍の4000億円になった。いまや2兆円を超える会社になっている。

澤田は宇部市に行って、社長の柳井正に会ってみることにした。ユニクロのことは知らなかった。当時のロゴマークはあまりいい印象を持たなかった。コマーシャルもいまひとつに思えた。ただ、つぶれる会社ではないな、と直観的に思った。

実はこのとき、スターバックス創業者のハワード・シュルツから、日本でスターバックスを立ち上げる際にボードメンバーのポストで来ないか、という話も澤田はもらっていた。

「でも、スターバックスは、ちょっとカッコよすぎたんですね。もうちょっとダサいほうが僕っぽいと思ったんです（笑）」

ただ、もちろんそれだけではない。初めて会った柳井正という経営者に、澤田は圧倒されたのだ。最初は木訥な印象だったが、言葉の端々から小売業への圧倒的な情熱が伝わってきた。口の脇に泡をためるほど、夢中で語りはじめた柳井に澤田が驚いたのは、きちんと〝言葉〟が通じたことだ。

「日本の流通市場は巨大なのに、科学的経営ができていない……。セブン‐イレブンのプロジェクトで勉強してきたことを語ると、伊藤忠のお偉方はぜんぜん関心を示してくれなかったのに、柳井さんは『澤田さん、そのとおりだ！』と全部、相づちを打ってくれて」

柳井自身、自分の店で、実学で小売りを拡大させていた。商店街の洋服屋が〝科学〟を取り入れることで大きくなっていったのだ。そして、いくつかのエクセレントカンパニーの名前を挙げて、小売業でそういう会社に負けない存在感のある会社をつくりたい、と語った。

「この人はすごい、と思いました。面白い、と」

それにしても思うのは、20年目にしてファミリーマートの社長に招かれたこともそうだが、柳井正という、後に日本の流通業を変えるようなインパクトをつくった名経営者に、この無名だったタイミングでいきなり出会ってしまう澤田という男の運のよさである。

そして入社を即決した澤田はこのとき２つ、柳井にお願いをしている。１つは、まだ小売業の現場で仕事をしたことがないので、店長候補として入社すること。

「店長をやらないと絶対に経営者にはなれないと思いましたから。あとは現場で頑張って、伊藤忠とかいろんなことを忘れたかった。とにかく小売りに１００％、自分を投じたかった。雑念を振り払って没頭したかった」

そして、もう１つ。澤田は当時38歳、小学生の子どもが２人いた。マンションのローンが残っていた。会社を辞めたはいいが、お金がなければ生活できない。そこで、伊藤忠の給料を１年だけ保証してほしい、と言った。

「伊藤忠では給料をけっこうもらっていたんです。でも、そこで自分がどれだけできるかを証

明してみせるので、1年だけ保証してください、と正直にお願いしました。柳井さんは、よっしゃ、わかった、と伊藤忠の給料で店長候補として入れてくださったんです」

１９９７年４月末、入社後に柳井から1冊の本を渡された。アメリカのコングロマリット、ＩＴＴの社長兼ＣＥＯとして58四半期連続の増益を遂げたハロルド・ジェニーンの『プロフェッショナルマネジャー』だった。

読み込まれてボロボロになった本は、柳井がたくさん線を引いていた。その箇所を澤田は頭のなかに叩き込み、店長候補として現場に出た。

だが、ショックだったのは、柳井が面談で語っていた夢と、現場で起こっている現実がまったく違っていたことだった。

「現場にいて、毎週のようにレポートを書いて柳井さんに送りました。こうなっているはずだけど、こうはなっていない、と」

2カ月後、店長はあきらめろ、と澤田は通告される。柳井は言った。

「お前の言うとおりだ、責任を持って解決しろ、会社の経営全般を見てくれ」

そして澤田は経営企画室長になった。「商品がなっていない」と伝えると、「じゃあ、商品本

ファーストリテイリング副社長のときの澤田貴司（右）。中央は柳井正社長。
撮影:引地信彦

部をやってみろ」と、入社4カ月で商品本部長を兼任した。

その2カ月後、「今度、株主総会があるから役員になれ」と言われ、入社半年で役員になった。そしてこの日、取締役会で常務になり、入社から6カ月で給料が倍になるという、とんでもないことが起こった。さらに1年後には、副社長に就任。入社1年半でとうとうナンバー2になってしまう。

「ありえないですよ。ポジションにしても、給料にしても。でも、こういうことをやってしまうところが、やっぱり柳井さんの強さなんです。だから、会社はどんどん大きくなったんです。会社のステージによって、必要な人は変わっていくんです」

ユニクロ原宿店のフリースキャンペーンは長蛇の列をつくり、ユニクロの大ブームが起きた。
写真:読売新聞／アフロ

副社長になった年の秋、初の都心型店舗となる原宿店の出店準備が始まった。なかなか具体策は浮かばなかった。そんなとき、外資系企業のPR職から入社してきた女性との会話から、澤田はひらめく。

「こんな田舎の会社で働いて後悔しないの？と聞くと、商品のよさが伝わっていないのが残念だ、と。特にこのフリースはいい、田舎の両親にも送りました、と言われたんです。翌朝、目が覚めたとき、これだ、と思いました」

原宿店のフリースキャンペーンはこうして生まれた。フリースだけという異色の大キャンペーンは原宿店に長蛇の列をつくり、ユニクロの大ブームが起きた。

「たまたま当たった大ホームランです。でも、ここからユニクロはものすごい勢いで成長していきました。フリースキャンペーンには、友人の松任谷由実さんにも協力してもらいました。彼女はなかなかCMに出ないんですが、学生時代からの付き合いで快く出てくれました」

フリースブーム直前の1998年8月期の売上高は831億円。これが2001年8月期には4185億円になっていた。株価も上がり、最安値から一時期、約60倍になった。柳井からは「社長をやれ」と言われていた。しかし、澤田は受けられなかった。

「オーナーである柳井さんが会長として君臨する会社で、社長をやる意味は僕にはよくわかりませんでした。決定権のない社長というのは、ダサいじゃないですか(笑)。それは僕のやりたいことではなかった」

葛藤した末に、澤田は依頼を受けず、会社を去ることを決めた。

アメリカの大物投資家も投資するビッグプロジェクト

ユニクロを去った澤田には、多くの会社から声がかかった。その数、40社以上。巨額の報酬でのオファーもあったという。しかし、澤田は受けなかった。

「柳井さんから社長をやってくれ、と言われて断っているわけですよ。雇われて社長をやる、という選択肢はありませんでした。意地でも雇われてやるもんか、と（笑）」

ユニクロを去った2002年、いよいよ日本の流通に変革の波が来ると澤田は見ていた。

「アメリカに友達がたくさんいて、いろんな情報をもらっていたんですね。アメリカでは買収、再編の嵐が吹き荒れていました。日本でもそれが始まるぞ、と」

澤田はユニクロを辞めてから、1年ほどアメリカを往復して情報収集に当たっていた。当時、アメリカでは、多くの企業再生ファンドが立ち上がっており、買収して再生して売却するというビジネスの形ができあがりつつあった。

「これが日本にもやってくると見ていました。そういう仕事を日本でやる人間を探しているという声がたくさんあがっていました」

決めていたのは、雇われ社長ではないことに加えて、自分のお金を入れていくことだった。そうすることで、覚悟もできる。ユニクロで手にしたお金をすべて入れて（実は家族にも内緒だったらしい）、会社をつくることにした。これが、キアコンという会社だ。後に日本経済新聞で、「ユニクロの副社長だった澤田が気合いと根性でつくった会社」という注釈が１面に載ることになる。社名は、澤田のモットーである「気合いと根性」が由来になっている。

「自分でゼロから小売りを立ち上げることは現実的ではないと思いました。柳井さんの下で４０００億円の会社を動かしていたわけですから、そのくらいのスケールの仕事をやりたいと考えていたんです。他の資本と自分のお金を張って、バサッと買って、ガラガラポンして再生する。それなら、自分のお金も活かすことができる。そのほうが面白そうだと思ったんです」

創業した２００３年当時、社会を騒がせていたのが、過剰債務に苦しむダイエー問題だった。翌年10月、産業再生機構のもとでダイエーの再生が始まった。澤田も関心を持っていた、このプロジェクトにアメリカの大物投資家も乗ってきた。

「すごい話ですよね。僕自身も訳がわからなかった。あのアメリカの大物投資家が数百億円を投資する、と言うんです。窓口になったのは、デービット・バーンスタインという、とてもチャーミングな人でした。もう亡くなっていて、ようやく今度、お墓参りに行けるんです」

バーンスタインはアメリカの流通業でその名を知られた人物。キアコン出資者の一人だった。日本の市場を見て、そのポテンシャルに気が付いたのだ。そして、ユニクロで実績を出した澤田に、知人を介してアプローチしてきた。

「おじいちゃんのような人だったんですが、とにかく素敵な人でした。まだやるとも言っていないのに、ニューヨークに遊びに来い、と言われて行ったら、マイアミにリゾートがあるから、こっちに来い、と。僕のためにプライベートジェットが空港に置かれていました」

澤田はプライベートジェットでマイアミに飛んだ。すべてがアレンジされていた。

「マイアミに着くとリムジンが待っていて、とんでもないリゾートに連れていかれて。これが

別荘か、ってすごい衝撃を受けて。それから、いろんな話をして意気投合して」

澤田がうれしかったのは、ダイエー案件を手がけたいがパートナーがお前でなければやらない、と言ってもらえたことだった。その後、大物投資家とも一度だけ会った。恐ろしく全体を俯瞰し、先々まで見ていることが印象的だった。

「彼が出資する数百億円からすればわずかですが、自分のお金も入れて、リスクを取って自分で再生に挑める。これは魅力的だと思いました」

澤田は、ダイエーを徹底的に調べた。現場を理解しようとした。そうでないと、血の通った再生計画はつくれないと考えたからだ。リストラは一時的には効果があるが、抜本的な対策ではない。会社がよくなっていく手応えを社員がつかめる提案書にしたかった。

旧知の経営者にも協力してもらい、ダイエーの社員を元気にする提案書をつくった。名付けて「愛のある再生計画」。松任谷由実の歌詞を刷り込んだ買い物袋の作成や社員を集めた音楽イベントなども含まれた。

支援企業選定の１次選考では１００を超える企業が手を挙げた。２次選考に残ったのは３社。丸紅、イオン、そしてキアコンだった。キアコンという無名の会社が２次選考に残ったことで騒ぎになり、先に書いたように日経新聞には注釈とともに取り上げられたのである。

結果としては、再生は丸紅に委ねられた。澤田のキアコンは選ばれなかった。だが、実はホッとしていた澤田がいた。

「ファンドというのは、僕がお金を預かって、それを元手に投資をするビジネスなんです。ダイエーを数百億円で買ったら、それを１０００億円、２０００億円、３０００億円に膨らまさないといけない。ずっとお金と向き合わないといけないんです」

澤田はそれが途中で怖くなった。澤田が求めていたのは、ただただダイエーをいい会社にしたい、ということだった。ダイエー社員と一緒に汗をかきたいと思っていた。

「でも、実際のファンドの仕事はそうではないわけです。昼間はダイエーをこんな会社にしたい、というプレゼンをする一方で、夜はファンドのメンバーとのミーティングで、どうやってリストラを進めるのか、あのグループ会社は売ろう、という話になる」

まるでジキルとハイドだった。自分は何のための仕事をしているのか、わからなくなっていた。澤田は小売りの事業がやりたいだけだった。事業を成功させた結果としてお金がもらえるようにしたかった。ファンドの意味をよく理解できていなかった。

「このままキアコンが買ったら大変なことになる、と思うようになっていきました。僕の思うようにはならない、と。最後はもう勝ちたくない、とさえ思っていました」

このとき、ダイエーのための再生計画を懸命につくっていた澤田を、間近で見ていたリーガルアドバイザーの弁護士、瓜生健太郎の言葉が、澤田は忘れられない。

「こう言われたんです。澤田さんはお金のために働く人じゃない。澤田さんは、人のために働く人であるべきだ、と。もし、ダイエーが取れたら、巨額の報酬が彼にも入ったんです。でも、彼は僕にそう言ってくれた。それでものすごく腑に落ちた。僕は、これを取っちゃダメだと」

実は澤田は負けた後、経営者としてダイエーに行く選択肢もあった。小売りをやりたい澤田にしてみれば、魅力的な提案だった。しかし、それも断った。お世話になり、よくしてくれたバーンスタインに対して、それは筋が通らないと思ったからである。

数百億円はそのままきれいに投資家に返し、澤田はファンドと決別した。

人のお金で仕事をするのは、もうイヤだ

自分がやりたい仕事は何か。それを改めて、考えてみた。人のお金を使わないで再生のお手伝いをする会社が浮かんだ。折しも、澤田が辞退したファーストリテイリングの社長を降りることになった玉塚元一と、一緒に会社を起こすことになった。

「思ったのは、とにかく一生を懸けて事業をやりたい、ということでした。自分のお金でやりたい、と。人のお金でやるのは、もうイヤでした」

こうして生まれたのが、リヴァンプだった。２００５年秋のことだ。実はこのときも、社長をやらないか、と多くの会社から打診を受けている。しかし、すべて断った。雇われ社長をやるつもりはまったくなかった。

「ファミリーマートの社長は雇われじゃないか、と思われるかもしれませんけど、これは特別です。伊藤忠からの話じゃなかったら、絶対に受けていない」

リヴァンプは「刷新する」という意味である。人のお金を使わず、再生のお手伝いをする。まさに、これをやろうとしたのである。こんな会社は、澤田の知る限り、これまで他になかった。だが、早々に、資金のピンチに陥ってしまう。

「僕とタマ（玉塚）で出資して会社をつくったんですが、いろんなプロジェクトをいただき、それに合わせて人をどんどん採用しているうちに、どんどん会社のお金が減っていった」

経理に言われて、通帳を見て驚いた。会社のお金が底を突きかけていたのである。

会社をつくって半年後、増資に踏み切った。

「バカですよね。でも、それまでにお世話になった方々に支えていただきなんとか乗り切ることができました。そのときの恩はいまでも忘れません」

澤田と旧知の仲だったカルチュア・コンビニエンス・クラブ創業者の増田宗昭が増資を引き受けてくれた。おかげで必要な増資は、一気に完了することになった。

リヴァンプはその後、まずはロッテリアの再生で名を上げることになる。当時、競合との競争に苦労していたのが、ロッテリアだった。澤田たちはまず年間計画を立て、次に四半期、さ

日本初上陸として話題を集めたクリスピー・クリーム・ドーナツ新宿サザンテラス店には連日長蛇の列ができた。写真:AP／アフロ

らに月単位、最後には週単位で何をすべきかを考えるという手法で、ロッテリアの経営改革に取り組んだ。

ロッテグループの重光昭夫は、澤田がユニクロを辞めるとき、「いつか一緒に仕事をしましょう」と言ってくれていた。それをリヴァンプで実現させることができた。

そのロッテグループと共同で、アメリカのドーナツチェーン、クリスピー・クリーム・ドーナツの国内でのフランチャイズ（ＦＣ）展開を手がけたのだ。出来たてのドーナツを食べようと、フリースが大ブームになったユニクロ原宿店のような長蛇の列が、新宿サザンテラス店の前にできた。

リヴァンプでは、小売りや流通を中心に、澤田はさまざまな企業支援を手がけることになる。その数は30社を超えている。大変な経営経験である。

「失敗もたくさんしましたが、人のつながりの大切さを学んだ時期でもありました」

伊藤忠時代からやんちゃだった澤田を面白いと可愛がってくれた経営者との付き合いは、リヴァンプで社長を務めている間も続いた。イトーヨーカ堂の会長であった伊藤雅俊もその一人だ。

「ときどき、ちょっと行くぞ、とお迎えが来るんですよ。それでイトーヨーカドーを4、5店舗、回るんです。『この売り場どう思う?』なんて聞かれたり、『この店長にいろいろ教えてやってくれ』と言われたり」

名誉会長という役職になっても、いまなお現場訪問を欠かさない伊藤に、澤田は心から尊敬の念を抱いている。

「たくさんヒアリングされ、しっかりメモを取られて。4、5店を一緒に回ると、やっぱりクタクタになるんです。それでも回る」

伊藤を見ていて、わかったことがあるという。

「無理がないんです。やっぱり好きなんですね。現場が好き。お客さまに喜んでもらえることが好き。僕もそうありたいと思うんです。お客さまに喜んでもらう、社員が元気になる、利益が上がって社員に分配できる、加盟店さんに幸せになってもらえる……。そういうことが、とにかくうれしいんです。そうじゃなかったら、できないんです」

現在、リヴァンプの経営は優秀な後継者に任せている。

「ジジイが出てきたら、うざいじゃないですか（笑）」

やるんだったら、自分の思うようにやりたい

リヴァンプ設立から10年。そして、「小売業をやらなければいけない」と社長に直訴した伊藤忠を退職してから、実に20年。驚くべき話が澤田のもとにやってくることになったのは、2015年のことだ。伊藤忠グループである新生ファミリーマートの社長をやってほしいという

話がやってきたのである。

「オレが言っていたことが20年経ってようやくわかったか！　と思いましたよね（笑）。でも、冗談抜きに古巣から声がかかったことはうれしかったし、本当に天命だと感じてオファーをお受けして、社長に就任しました」

澤田はずっと「辞めてしまったけれど、伊藤忠は大好きな会社だ。最高にいい会社だ」と公言してきた。実際、夢破れ、退職した澤田を、伊藤忠の幹部をはじめ、多くの仲間たちがずっと応援してくれていた。

新生ファミリーマートのトップにという要請は、実はさまざまな人たちによるジャブから始まっていたという。それまでと同じようにゴルフに行ったり、食事に行ったりするなかで、何気なく興味を探られていた。めぐりめぐって、話が耳に入ることもあった。

「でも、僕からすれば、ご冗談を、本気でもないくせに、なんて軽口で返していたんですよ。ところが、だんだん本気度が増していった。本気で口説きはじめてきた。それは率直にうれしかったです。ものすごく、うれしかった。それまで好き放題やってきた人間です。なのに、こうやっていまも自分のことを思ってくれている。それぐらいの実力はあるぞ、と自分では自負

もしてましたけど（笑）」

それでも伊藤忠にとって、ファミリーマートが最大規模のアセットであることは間違いなかった。そのトップを任せたいと言われたことは、意気に感じた。

「ある人を経由して、ファミマの社長にというオファーは本気だからお前もちゃんと返さないといけないぞ、と言われたので、『オレは高えぞ』『安かねえぞ』って、球を返してみたりもしました（笑）。お互いの本気度を確認するために」

まずは、ファミリーマートのことを調べた。調べれば調べるほど経営課題が山積していたが、同時に改革の手応えを感じた。

「蓋を開けてみたら、これはすげえな、と思いましたよね。ワクワクしました。よっしゃ、と腕まくりして入っていくような感覚ですよ。急に腕が鳴る、とでも言うんでしょうか」

ただ、澤田には絶対に譲れない条件が1つだけあった。求めたのは、これだけだったと言っていい。

「やるんだったら、自分の思うようにやりたい。そうでないと意味がないと思いました。それができないんだったら、リヴァンプで思うように楽しくやっているところから、離れてやる意味なんてない。だって、もう一度、サラリーマンに戻るんですから」

思うようにやれる。それが条件だったのだ。

「ユニクロで社長をやるかどうか、というときも、最後の最後で、柳井さんはやっぱり自分でやりたいんだと僕は思った。だからいま、幸せそうじゃないですか。好きなようにやっていて。あれでいいんですよ。僕は好きなようにできないと思ったから去った。去ってよかったと思っています。だから今回も、ファミリーマートに入るにあたっては最後まで確認しました。自分の判断でやれるんですよね、と」

その約束だけは得た。そして当時の経営チーム、会長の上田準二、社長の中山勇からは、本当に横やりが入ることはなかったという。

「こうしてくれ、ああしてくれ、なんて言われたら、こっちも『うるせえ』と思っちゃうし。

上田さん、伊藤忠の同期でもあった中山に感謝するのは、本当に何も言わなかったことです。伊藤忠にもイチイチ報告もしていません。２０１７年３月にホールディングスの社長に就任した髙柳浩二さんとは、意見が合わなければガチンコで議論することもあります。時に気持ちいいくらいやり合いました（笑）」

おかげで、ホールディングスの社長、後にファミリーマートの会長にもなる髙柳のすごさも知ったと澤田は言う。

「めちゃくちゃ頭がいいんですよ。僕はどちらかというと、現場に入っている人間なんです。でも、髙柳さんは全体を俯瞰する。だから、最初はぶつかりまくりました。現場をわかってない、と言いました。髙柳さんは、もっと俯瞰しろ、と言う。でも、いまは加盟店さんに歩み寄って抱きしめなきゃいけない時期なんだ、って何度もぶつかり合って。そうやってガンガンやり合ったおかげで、いまはものすごくリスペクトしています。お互いにないものがあることがわかったから。すごいバランスがいいんですよ」

２０１６年３月に、新社長となる旨の発表が済んでからは、澤田は顧問という立場でさまざまな社内会議にも出るようになった。しかし、社長になるまで、ほとんど黙っていたことは先に書いたとおりである。それが、澤田の礼儀だった。

「いろんな会社の経営に携わってきましたから、優先順位を含めて、とにかく妄想が猛烈に膨らんでいましたよね。こうしよう、ああしよう、と考える。こんなことができたら、すげえことになるぞ、と思ったり」

本部に入っての最初の印象は、「やたら書類が多いな」だった。

「しかも分量が多いわりに、わかりやすくする工夫がまったくない。これでは現場に絶対に伝わらないだろうな、と思いました。ありえなかった。うわぁ、現場は大変だろうな、と思いました。でも、これはつくっている人間が悪いんじゃないんです。仕組みの問題なんです。会社なんて、そんなものなんです」

だから、いずれ自分もファミリーマートという会社に慣れてしまうことに気づいている。

「流されることがありうるぞ、と。僕が優秀なんじゃなくて、いろんなことをやってきた人間がポンとここに来て、なんじゃこりゃ、と思っただけなんです」

そして、やるべきことはわかっていた。それは伊藤忠が求めていたものと一致していた。

「コンビニはこれから大変だぞ、と思っていましたからね。マーケットは飽和しているし。だからこそ、僕みたいなのに存在意義があるのかな、と思っていました。簡単じゃないですよ。でも、簡単じゃないから面白いと思うわけです」

これだけのスケールの会社を経営トップとして執行するのは、おそらく最後だろうということもわかっている。

「年齢的にも最後だと思っています。だから、人生を懸けてやり切る仕事なんだろうな、と。課題はものすごく大きいけど、大好きな伊藤忠からのオファーであり、やりたいと思っていた小売業のトップ。なんとしてでもやらなくちゃ、ということです」

第3章

【カルチャー改革】

目に見えてわかる、変化をつくる

INNOVATE THE CULTURE

服装が自由になると、相手を意識して行動するようになる

ファミリーマートに限らず、日本の多くの小売業、もっといえば日本企業全体についても、澤田はファミリーマートに来てから1つ強烈に感じていたことがあった。それは、ガチッとした枠、旧態依然とした規律のようなものがかなりはびこっていて、仕事がその強烈なコントロール下にあることだった。

「規律自体、悪いことだとは思わないんですが、あまりにも強すぎて、自ら考えて成長する機会を奪っていた。その土壌を変えたかったんです。僕自身が、枠にはめられると『ふざけんな、この野郎』と思って育ってきた人間でしたので。枠をいつもぶっ壊そうと思って、それを実行することで成長してきた部分がありますので」

枠にはめられない企業文化のほうが、社員は活性化するのではないか。一人ひとりが伸びていくのではないか。実際、それを実践することでユニクロは急成長し、自ら立ち上げたリヴァンプも大きくなった。

澤田が目指したのは、社員一人ひとりが自ら考え、力を発揮できる組織だ。その意味でも、

すべてのベースとなる現場を理解することが重要だった。

「それを実行するためには、相当な権限委譲も必要になります。また、個別の力を伸ばすこともキーワードになる。どうやって、こうした組織、カルチャーに持っていくか、ということはずっと考えていましたね」

ファミリーマートに入ったとき、まずは「目に見えてわかる変化をつくる」ことを意識した。それが、服装の自由化と本社移転だった。男性ならスーツにネクタイという、それまで誰もが何も考えずに身にまとっていた服装を、澤田は原則、自由化した。

「服装の自由化には、自ら考えて行動する、というカルチャーの醸成を促す狙いもあったんです。服装が自由になると、考えないといけなくなる。朝、起きて何も考えず、ボーッとただスーツを着るのではなく、その日の予定や会う人のことを考えて、服装を選ぶようになる」

ノーネクタイのみならず、Tシャツやジーンズなどのカジュアルでも問題はない。実際、澤田は取材時にも、カジュアルウェアで現れた。

「一方で、今日は、というときには、ビシッとスーツを選ぶ、という選択もありますよね。これは服装に限りませんが、相手の目線に立って物事を考える、というのは、ビジネスにおいて、とても大切なことなんです。今日は取材で服装の自由化を体現したくて、あえてカジュアルにしてみました」

仕事のさまざまな場面において、相手を意識していく。ただ決められた枠のなかで動いていくのではなく、自分で考えてアクションを取っていく。服装の自由化には、そんな習慣をつけていこうという狙いがあった。

最初は戸惑いのあった社員も少なくなかったというが、いまでは多くの社員がビジネスカジュアルを楽しんでいる。暗い色のスーツ一色だった職場は、一気に明るくなった。これだけでも雰囲気は大きく変わったという。

「本社の移転にも狙いがありました。池袋に本社があったときは、人員の拡張に伴って、ビルの複数階にオフィスが散らばっていた。これが間違いなく生産性を落としていました」

現在の本社は、ＪＲ田町駅近くに新たにできた田町ステーションタワーＳに入居した。２０１８年に竣工した新しいビルだっただけに、フロアの集約が可能になった。また、新幹線が停

新しい本社では、座席が固定されないフリーアドレスになり、生産性が上がり、コミュニケーションも活性化した。

車する品川駅まで、駅ひとつ。羽田空港へのモノレールが出ている浜松町までも、駅ひとつ。全国に社員が分散している同社にとっての利便性は大いに向上した。

「本社の移転と同時に、社員の座席が固定されないフリーアドレスにしました。業務を効率化させて生産性を上げるだけでなく、コミュニケーションも活性化できたと考えています」

　広々とした空間、明るい雰囲気の受付が、新しいオフィスを象徴していた。取引先が商談の前後にちょっとした作業ができるスペースも設けられ、専用のＷｉ－Ｆｉも完備した。

社員にとって、よりよい環境で働いてもらうことは、経営陣の重要な仕事だ、と澤田は語っていた。

トップを信じている現場は、驚くほど迷いがない

巨大なビジネス、巨大な組織を変えていくにあたり、澤田が最も強く意識しているものがある。それがコミュニケーションだ。

「会社はどこに向かうべきだと経営者が考えていて、何をやりたいと思っているのか。それをしっかり伝えて、相互に理解し合うことが最も大切なことなんです」

そのために澤田は自ら全国を飛び回り、社員に会い、加盟店を訪問し、メールやビデオを使って情報発信したり、LINEなどを通じてコミュニケーションを直接取ったり、細かく情報共有を行ってきた。

「社長といったって、たまたまその役割をやっているだけです。野球でいえば監督。でも、試合に出るのは選手。役割が違うだけなんです。だから、その役割を全力で果たさないといけない。そして、社員一丸となって、加盟店さんやお客さまに対して正しく仕事をしていく」

それをどうやって実現させていくのかといえば、コミュニケーションしかない。経営者が、自分の思いを伝えていくしかない。だから、あらゆる機会で伝えていく。

「これは伊藤忠時代、イトーヨーカ堂の伊藤さん、セブン-イレブンの鈴木さんと仕事をご一緒して痛感したことでもあるんですが、トップの方向性を信頼している現場は、驚くほど迷いがないんです。一生懸命にやれる。楽しんでやれる。だから、結果が出るんです。最終的には、人のやる気こそが、最も重要な競争戦略になるんですから」

ファミリーマートのある加盟店は、節分のときに販売する恵方巻を、平均的な店舗の10倍予約をとったという。

「僕も訪問したことがありますが、とにかくスタッフのみなさんが元気なんです。仕事を猛烈に楽しんでいらっしゃる。スタッフは12人で、そのうち11人が女性なんですが、何をするのかというと、みんなが鬼のコスチュームを身にまとって楽しみながら販売しているんです」

恵方巻を売っていこう、来店客に楽しんでもらおう、という思いがこうして現実化し、人のやる気につながると、とんでもないことが起きる。

「周りの加盟店さんたちも見に来るんです。こんなすごい数字を、どうやって出しているのか、と。いい循環が始まっていくわけです。売上げも誇りも大きくなる」

だが、トップの言うことを浸透させることの難しさも、澤田はよくわかっている。情報というのは、目詰まりを起こすということだ。経営陣が本部長に何かを伝えたからといって、それが確実に社員一人ひとりに、さらには加盟店に伝わるとは限らない。一方で、加盟店がスーパーバイザーに伝えても、それが本部まで上がってくるとは限らない。

「僕はリヴァンプ時代に、情報が目詰まりした会社ばかり見てきました。年がら年中、そういう会社に携わってきた。会社なんて、情報が目詰まりするのは、当たり前なんです。それは当たり前だと思わないといけない」

だから、澤田がこだわってきたのが、徹底してコミュニケーションをとることだった。インターナルコミュニケーションでは、まずは自分のことをわかってもらおうと、ダイレクトを重視した。この後詳しく書く社員向けの講演会「気合注入講演会」では、3年で全国22会場43回、延べ1万5000人の社員に直接語った。約90分、熱弁をふるうため、講演後はいつもフラフラになる。

「澤田貴司というのがどんな男で、どういうことを考えているのかを知ってもらおうと、全国を飛び回ってきました」

加盟店向けの「感謝のつどい」でも全国10会場45回で、延べ3万2400人の加盟店のみなさんに直接、生の声で澤田はメッセージを発してきた。加盟店訪問も、2年半で約700店を超えた。叶うならば全店舗、社長在任中に回りたいと考えたという。

「計算してみたら、年に300店回ったとして60年かかるんです。でも、秘書に『どうやったら全店回れるか考えろ』と言っています。とにかく1店でも多く訪問しようと思っています」

社員は何でも教えてくれる身近な存在

社員とは直接、社長室で延べ2000回に及ぶブレーンストーミングを行っている。気になることがあれば、担当者に連絡し、ちょっと教えてほしい、と社長室に来てもらうのである。

社員側から、社長と話をしたいと要望が来ることもある。

「本社にいるときには、毎日のように社員とブレストをしまくっています。15分から1時間。社長就任から２０００回以上、実施しました」

気になることはすぐにテーマとして挙げ、期限を決めて社員と徹底的に議論する。内容によっては一度では結論が出ず、何度も繰り返すこともある。

「問題の本質を掘り下げて考えないといけない。そうしないと、店舗の質を引き上げられるような、実態に即した支援策には結びつきませんから」

課題が話し合われ、解決策がディスカッションされる。多いときには、本部長を入れて20人、30人と集まることもあるという。

当然だが、本社にいるときの澤田のスケジュールは隙間なくびっしり、である。アポを入れるのは大変なことだという。そして、言うまでもなく澤田は大変だ。

「もうフラフラですよ。ほんとガチンコでやっているので。僕がいい加減にやると、みんなも

絶対にわかりますからね」

直接話をするだけでなく、社員ともＬＩＮＥでつながり、頻繁にやりとりしている。情報を発信するだけではない。情報収集という点でも、直接コミュニケーションをとる意義は大きいという。

「わからないことや気になることがあったとき、詳しそうな人、興味を持って調べてくれそうな人から情報をもらうことは、最も有効な手段です。そして最も身近なところにいて、何でも教えてくれる存在といえば、社員なんですよ」

これが気になるんだけど教えてほしい。澤田は気軽に社員に相談する。そうすると、複数の社員が、さまざまな目線から的確に答えてくれるという。

「情報はビジネスにとって、とても重要です。でも、リーダーが壁をつくったり、ハードルを高くしてしまうと、入ってくるはずの情報も入ってこなくなってしまう」

ある会議のなかで育児中の女性社員が「惣菜類はファミリーマートで買わない」と発言する

のを聞き、なんてことを言うんだと最初は驚いた。理由を聞いてみれば、「来店客として利用していると、ファミマは日持ちのする適量の商品が少なく、在庫切れの場合も多い。子育て中では、何軒も回れない。だから、セブン‐イレブンで買う」と言う。もっともな意見に、澤田の行動は早かった。

「調理を手早く済ませられる商品を、家にストックしておけるといかに助かるか、という話も聞きました。すぐに調査や改善に着手するよう、担当者に伝え、いまではかなり改良されてきました。また、こういう意見を忖度なしに発言できる雰囲気こそが、会社のために重要だと再認識しました」

思いの丈をダイレクトに伝える「気合注入講演会」

社員向けの「気合注入講演会」は、１年で約12回、全国各地で開催した。１回当たり５００～６００人、大きな会場では１０００人の社員が集まり、澤田の経営の方向性について約90分間、直接聞くのだ。

「会社って、社員が一丸にならないとダメなんです。特に社長就任当初は、どういう人間が何

を考えて会社を動かそうとしているのか、その思いの丈をダイレクトに伝えていかないといけないと感じました」

紙に書いたものでは、そうそう伝わるものではない。文面では限界があるということを、澤田は肌で感じている。

「基本的に、思いはそうそう簡単には伝わらないものだと僕は思っているんです。本気で伝えようとするなら相当、努力しないといけない。必死でやらないといけない。思い切ったことをやらないといけない」

澤田は何を考えているのか。どんな会社をつくりたいのか。1年を通じて何をやりたいのか。

「それをダイレクトに伝えていく場をつくるのが、一番だと思ったんです」

それにしても、気合注入講演会である。社長による社員向けのスピーチとしては、なかなかないネーミングだ。のけぞった社員も少なくないという。

「気合注入講演会」では、新しいリーダーが目指す方向性を全社員に共有した。

「これも僕が考えました。ネーミングって、すごく大事なんです。加盟店さん向けの方針説明会も『感謝のつどい』に変えました。一番伝えたい「感謝」をダイレクトにタイトルに入れて、それが何を意味しているのか、わかりやすくないといけない」

澤田自身のモットーこそ、かつて自分がつくった会社の社名の由来にもなった「気合いと根性」。そこからこのネーミングが来ているのは、言うまでもない。

「僕の思いを伝えたいわけです。伝えてえんだよ！　という強い気持ちがあった。同時に、みんなに元気にもなってほしいと思った。それで、どんなワーディングにしようかと考えたとき、これは気合い注入だろうな、と（笑）。

そもそも、こういうネーミング、好きなんですよ。枠からはみ出ちゃってるような（笑）」

地方での会場となったホテルのエレベーターホールに「気合注入講演会」と書かれた看板が置かれており、周囲からぎょっとされたこともあるという。

「まぁ、びっくりされた人もいるかもしれないですね。でも、もう社内では、すっかり違和感はなくなったみたいです。略して『気《き》合《あ》注《ちゅう》』なんて呼ばれているみたいですから（笑）」

２０１７年、２０１８年の講演会のスライドを見せてもらった。ページをめくると真っ先に現れるのは、大きな文字で書かれた、この言葉だ。

ありがとう　日々の皆さんの頑張りに心から感謝

そして、「本日のテーマ」の１つ、社長就任以降の主な取り組みのスライドがあった。２０１８年下期のスライドを紹介してみよう。

・全国10会場45回の加盟店向け方針発表会（延べ３万２４００人）

・全国22会場43回の社員向け気合注入講演会（延べ1万５０００人）
・全国の加盟店：約５００店舗訪問（後日、記念写真も送付）
・ブレスト：約１５００回
・海外のＦＭ展開地域訪問（台湾、中国、タイ、ベトナム、フィリピン、マレーシア、インドネシアで７１１１店展開中）
・世界的企業訪問（グーグル、アマゾン、アリババ）
・取引先、物流センター、食品工場訪問
・澤田めし２０６回、１３１８人
・結婚式お祝いムービー42組

まさに圧巻の仕事ぶりだ。その後、ブランド転換店舗の現状、転換2年目店舗の現状、さらには社員の満足度調査に続き、トップ自らの広報活動の詳細や、オペレーション改革の報告、マーケティング、開発、新規事業、教育、さらには「我々が目指す姿」と続いていく。

「これまでやってきたこと。いま考えていること。これからやらないといけないこと。だから、今年はこうしよう、こんなふうに感じている、といったことです。もう1つは、こんなに頑張っている社員がいる、という報告ですね。難しい話はしないですよ」

ただ印象的なのは、グラフなども使って、赤裸々にあらゆる数字が明かされていることだ。驚くのは、「気合注入講演会アンケート結果」と題して、澤田の講演会自体のアンケート結果までもが明らかにされていることである。

「期待以上だった」「期待通りだった」「あまり期待通りではなかった」「期待はずれだった」の選択がグラフ化されているばかりではない。フリーコメントには、澤田に対する極めて辛口のコメントも掲載されていた。

一方的に発信するだけではなく、加盟店や社員の声も聞かなければならないと澤田は言う。アンケートを実施し、意見を集約し、公開する。いい意見も悪い意見もすべて公開する。隠し事はなし。オープンな場で酷評されるくらいの覚悟がないと、リーダーはダメだ、と。

「それが現実なんですから。しっかり認識すればいいんです」

スライドの最後には、「唯一生き残ることができるのは変化できる者である」というチャールズ・ダーウィンの言葉や、社員に向けての「全員参加型経営の強い会社にしていこう」という澤田のメッセージが紹介されている。

そして90分間の講演が終わると、澤田は出口に向かい、社員全員と一人ひとり握手をして、直接気合いを注入する。

この気合注入講演会は、2019年から姿を変えている。ひと月ごとに澤田の思いを伝える動画メッセージの配信方式になった。ブランド統合の完遂という1つの大きな山を越えて、これから必要なことはタイムリーな意識の共有だと考えるようになったのだ。

「僕が何に危機感を覚えて、どうしていきたいと思っているのか、社員にその都度発信して、意識を合わせていく必要があるんです。そのためには1年に一度という頻度では遅すぎる」

月次のKPIなどのほか、加盟店との座談会の様子、出張先での出来事など、澤田自らが何を話すのかを考え、危機感の背景や重要視する考え方を熱く語る。

この動画の閲覧サイトには共感を表す「いいね」のほかに、澤田のたっての希望で「いまひとつ」のボタンも設置された。忖度なしでこのボタンを押すのは正直難しい気もするが、「共感しない社員もいて当たり前」という澤田なりの考え方が表れている。

仕事だけでなくプライベートな話もする「澤田めし」

気合注入講演会のスライドにも出てきていたので、これは何だろうと思われた人もいるかもしれない。すでに２００回以上、開催されている「澤田めし」だ。

「社員から直接、声を聞く機会が欲しかったんですよ。その１つとして始めたのが、『澤田めし』でした。本社にいるときには毎日、社員とランチ会を開いていまして、社長に就任してから延べ１３００人を超える社員と話をしてきました」

澤田の予定が空いているタイミングに合わせて、社長室に集まってくる。５人から10人程度の、社長の澤田を囲んでの小規模な食事会だ。

メンバーとなる社員は部署ごとに回ってくる仕組みで、本社の社員はもとより出張先でも開催する。ランチはめいめいがファミリーマートの店舗で買ってきて持ち寄る。澤田をはじめ、もちろん自腹だ。

「社長って、毎日料亭とかでメシ食ってるんじゃないかと思われていたんですよね。基本はファミリーマートの商品を食べています。ときには競合の商品と食べ比べもしますよ。ただ、一人で食べるのも寂しいじゃないですか。だったら、社員と一緒に食べるのが、いいんじゃないかと。社員が選んで自分で買ってきたファミマの商品を一緒に食べて、いろんな話をする。なかには、お弁当持参の社員もいますけど（笑）。そこは自由でいいんじゃないですかね」

社長室にランチを持ち寄って、仕事だけでなくプライベートな話もする「澤田めし」。

本部の全社員とは一巡したという。仕事ばかりでなく、プライベートな話もする。

「結果的に、彼らは会社が抱えている、さまざまな課題を教えてくれるんです」

実際にこんな話を澤田は聞いた。スーパーバイザーのなかには社有車を使う社員も少なくないが、以前、営業用の社有車で子どもの送り迎えをしてはいけない、という規則があったのだという。

「子育て中のスーパーバイザーは、直行直帰をするときでも、社有車で子どもを保育所に連れて行くことができなかったんです。自分の自家用車でまずは子どもを保育所に連れて

行き、一度、自宅に戻って社有車に乗り換えて、それから店舗に向かっていたんです」

夕方、子どもを迎えに行くときも、社有車では保育所に寄れないので、一度、自宅に戻って自家用車に乗り換え、子どもを迎えに行かなければならなかった。

「話を聞いていて、びっくりしたんです。まるっきり時間の無駄じゃないですか。即刻、こんな意味のないルールは廃止ですよ。話を聞いた翌月から、事前に申請すれば社有車で保育所の送り迎えをしてもいい、というルールにしました」

澤田は社長就任前にスタッフ研修で現場に立ち、店舗の規定にさまざまな疑問を持つことになったが、それは店舗に対してだけではない。本部の社員に対しても、無用な負担を強いるルールがあったのだ。「澤田めし」は、それに気づくことができる貴重な機会になっている。

「こんなこともありました。夫婦で社員だったんですが、スーパーバイザーのご主人が地方に転勤になった。奥さんは本社勤務で仕事をしていました」

ファミリーマートには育児中の社員に対して「転居配慮制度」はあったが、当時の適用は、小学3年生までだった。この夫婦の子どもがその年齢を上回ったタイミングで、女性社員は東京の地域限定社員を選択し、給料が下がったという。

澤田はすぐに人事部に話をした。育児支援の制度は変わった。現在では、子どもが中学3年生まで時短勤務が可能となり、早いタイミングで時短勤務を終了しても、本人が希望すれば中学3年生まで「転居配慮制度」が適用されるように改定された。

「会社の命令によって、家族の生活も変わることになる。働く側の不利益があったら、おかしいじゃないですか。おかしいことは正さないといけない」

これも「澤田めし」で気づくことができたことだったという。ただし、「澤田に言えば、どんなことでも変わる」などという不平不満の発露会のようなものになるとおかしくなる。そこは気を付けないといけないと考えている。

「僕に言えば何でも変わる、なんてことはないですからね。それは、ありえない。本当におかしいと思ったことは正します。ただ最近は『まずは自分でおかしいと思ったことを正すようにやってみろ』と社員に伝えています。何でもかんでも僕がやっていたら、おかしな会社になってしまいますし、社員自身が正しい方向に会社を変えるようになっていってほしいんです」

おかしなことが当たり前になっていく会社というものの怖さは、知っておかないといけないと澤田は語る。

「人間って、怖いんです。おかしいと思っても、集団になると、それは当たり前だ、と流れていってしまう。あたかも義務のようになってしまったりもする。だから、僕も気を付けないといけないんです。だんだん慣れていきますからね。そこは、会長の髙柳さんとのバランスに感謝しているんです。彼はものすごく俯瞰して見ていますから。これも役割分担です」

ちなみに、澤田めしではプライベートな話が出ることも多々ある。「彼氏がいない」と相談した女性社員に、澤田は「わかった、紹介しよう」とその場で知人に連絡を取ったこともあったという。ちなみに紹介した後は不介入とのことである。

日常的な活動を全部アップする「サワスタグラム」

社長の澤田と社員が直接コミュニケーションをとる場としてはもう1つ、「サワスタグラム」がある。澤田や社員がアクセスして写真や文章を投稿したり、閲覧することができる社内ＳＮ

Sだ。澤田自ら発信することもあれば、澤田が社内外のイベントや記者会見に出た様子など、トップの動向についてタイムリーに共有することができる。

「僕も長く経営の仕事に携わっていますが、改めて思うのは、時代は大きく変わっている、ということです。たとえば、デジタル技術の進展。社会が変わっているわけですから、そこに対応していかないといけない。古い体質を引きずっていたら、会社はおかしくなってしまう」

社長就任後、アメリカの小売業やＩＴ企業を積極的に視察していたのが、澤田だった。デジタル化、ＩＴ化を推し進める決断をするのに、そう時間はかからなかった。まずは、グーグルのグループウェアサービス「G suite」を導入。社内のコミュニケーションインフラも刷新した。

「オープンというのも時代のキーワードですよね。隠している、と思われたら炎上しかねない。善し悪しではなく、それは時代の流れなんです」

こうした大きな流れのなかで、澤田のコミュニケーション改革はある。すべてをオープンにしているのは、自然に対応しているだけだと語る。そして、それをより高いレベルで実現するために、デジタル技術を活用すればいいと考えている。そこから生まれた、１つの取り組みが、

「サワスタグラム」だった。

「僕がどんな活動をしているかを社員のみんなに知ってもらうことは、考えを同期する上でも非常に重要。そこで、日常的な活動を、ここで全部アップしているんです。たとえば、加盟店訪問の様子もそうです」

毎日の澤田めしの様子はもとより、テレビや新聞などへの露出、さらには来客や会食の様子がアップされることもある。ファミリーマートのCMに出演している香取慎吾と澤田が食事をしたときには、2人のツーショット写真が「サワスタグラム」に投稿され、社員の間で大きな話題となった。

「加盟店さんや社員と一緒に写真を撮ってサワスタグラムや社内報で紹介したりすると、みんなとても喜んでくれるんです。だから、いくらでもやりますよ。必要ならパネルにしてサインだってします。喜んでもらえるなら。それも社長の仕事だと思っていますから」

そして澤田に関する投稿だけでなく、社員からの投稿もどんどん行われている。加盟店とのやりとり、社外とのやりとり、社員の頑張り……。後に紹介する新しいリクルーティングブックの情報もここで紹介された。担当の女性社員の奮闘ストーリーは多くの社員に共有され、支持されたという。

「頑張っている社員は、どんどん紹介したい。社員の頑張りは、やっぱり経営者としてはうれしいですから」

社長の澤田に宛てた手紙も、ここで紹介される。たとえば、加盟店からの手紙。これまでは、社長宛てに来たとしても、社員で共有する場がなかった。しかし、「サワスタグラム」なら、写真で見てもらうことができる。

「うれしい内容もあるし、厳しい内容もある。すべて公開です。それが現実なんですから。そこから課題に落とし込んで、どう変えていくか、が問われるだけです」

うれしい投稿といえば、こんなことがあったという。小学1年生の女の子から、澤田宛てに手紙が送られてきたのだ。そこには、フラッペのCMを香取慎吾にやってほしい、と書かれていたという。

「これがとってもかわいい手紙だったんで、お礼を送ったんです」

そうすると、「ファミマの社長さんへ」と今度はカラフルな色を使った手紙が送られてきた。

それは、すぐに「サワスタグラム」にアップされた。

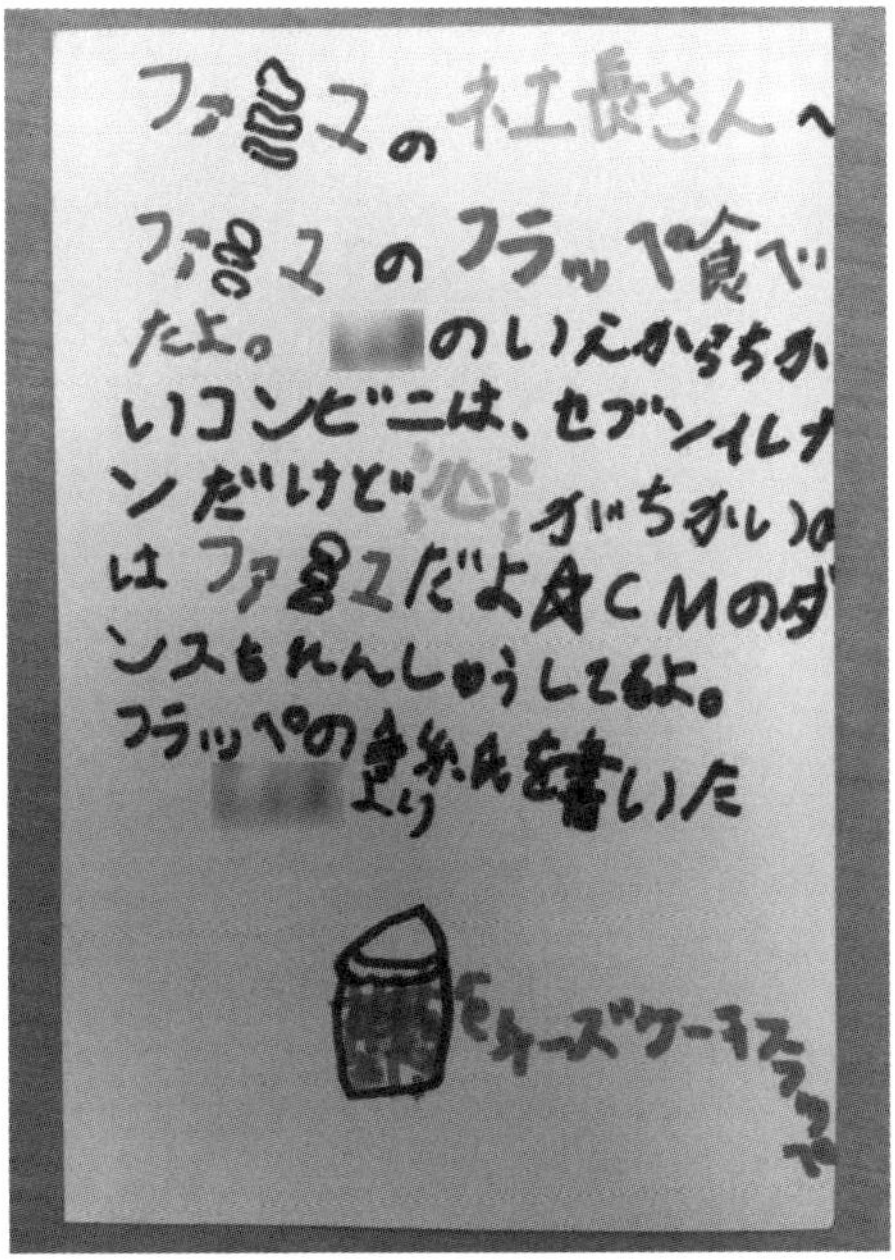

小学1年生の女の子からファミマの社長宛てに届いた手紙。

「何がうれしかったって、こんなことが書かれていたんですよ。『いえからちかいコンビニは、セブンイレブンだけど心がちかいのはファミマだよ』と。これこそ、ファミリーマートが目指していることなんですから。これはうれしかった」

女の子のお母さんからも丁寧なお礼の手紙が届いた。まさか社長の澤田が本当に女の子の手紙を読み、ＣＭが実現するばかりでなく、社長から手紙の返事まで送られてきたことに本当に驚いたと記されていた。この手紙もまた、「サワスタグラム」で社員と共有された。

「こういう出来事って、うれしいじゃないですか。きっと僕だけじゃなくて、みんなもうれしいんじゃないかな」

澤田が撮る映像のメッセージは、単身赴任の撲滅

加盟店訪問をすれば、澤田は必ずオーナーやスタッフと写真を撮る。撮った写真は、本部に戻った後に額に入れて直筆の感謝の言葉を入れて加盟店に送っている。

「これがとても喜ばれるんです。そしてうれしいのは、多くの加盟店さんが、その額を店舗のバックヤードに飾ってくださっていることです」

スーパーバイザーが、それを撮影して「サワスタグラム」にアップしたりする。

「やっぱりみんなうれしいわけです。これもコミュニケーションですよね。写真を撮るのもコ

ミュニケーションなら、アップされるのもコミュニケーション」

そして全国の拠点を飛び回っている澤田が、各拠点で自らよく撮影する映像がある。空港や駅まで送り迎えをしてくれた拠点の営業所長をはじめとした社員をiPhoneで撮るのだ。

「少なくないのが、単身赴任中の管理職なんです。家族を置いて、一人で赴任している。彼らが僕を車で迎えに来てくれるんですが、そんな彼らの映像を撮って、僕がレポートするんです。メッセージは、単身赴任の撲滅です」

実際に、ある拠点のトップの社員が澤田を駅まで送ったときのやりとりについて、澤田が撮って「サワスタグラム」にアップした映像を見せてもらった。澤田のレポートをご紹介しよう。

澤田　単身赴任、頑張っています。地元に戻りたいという誤解を招きかねないということで、撮らないでほしいと言っていますが、僕が強引に撮っています。

社員　はい、ここが大好きなので、そのあたりぜひ、みなさんに汲んでいただけたらと思います。

澤田　単身赴任について、どう思いますか？

社員　私は例外でしょうけど、まだまだ成長真っ盛りのお子様がいるメンバーについては、少し会社が配慮していただけるといいのかな、と思います。

澤田　ファミリーマートという名前のとおり、ファミリーは一緒に住んだほうがいい、と。

社員　おっしゃるとおりです。

澤田　地元に密着して貢献すると。

社員　はい。私はここで密着していますので特例扱いでお願いします（笑）。

この社員は拠点を率いているだけに、地元に戻りたいとはなかなかはっきりと言えない拠点のリーダーとしての苦渋ぶりも伝わってくる。しかし、それも含めて澤田は現実だと思っている。

「やっぱり単身赴任は、働き方として〝違う〟と思うわけです。これは社内向けのメッセージなんです」

澤田は映像を本人にも送っている。この映像をぜひ離れて暮らしている家族に送ってあげて、と伝える。

「社長が一緒にいて、こうやって映像を撮って、いろいろしゃべって、元気にしていて。そういう姿を見ると、奥さんも喜ぶと思うんです。最初は、それをやろうと思って単身赴任中の部長や営業所長を撮りはじめたんですけどね」

これもまた、澤田流のコミュニケーションである。

そして家族といえば、新しく家族になる新婚カップルについても、澤田はビデオでメッセージを送ったりもする。

「希望する社員には、披露宴で流す５分ほどのビデオメッセージを社長室で撮って、流してもらっているんです」

とおり一遍の祝福メッセージをするのではない。あらかじめ、その社員についての情報を上長や同僚から集めておいて、その社員だからこそのコメントを必ず入れてメッセージに仕立てあげているのだ。

「結婚式の前に、２人で僕のところに来られるようだったら直接、２人から話を聞きますね。そのほうが相手のこともわかりますし、感情も入りますから」

人生最高の晴れの舞台。とりわけご両家の家族に喜ばれるというから、親孝行にもなっているのだろう。これも、思いを込めたコミュニケーションだと澤田は語る。

「人のやる気ほど大事なものはないんです。それを上げられるコミュニケーションは、どんどんやっていかないといけない。そのための機会やツールは、いまはいろいろあるわけです。それをどれだけ駆使できるか、です。すべてコミュニケーションだと思っていますから」

ダイバーシティへの取り組みは待ったなし

カルチャーを変えていくうえで、コミュニケーションと並んで澤田が強く意識したのが、ダイバーシティだ。

ファミリーマートの社長に就任したとき、違和感を持たざるをえなかった。意思決定の場が、男性社員ばかりだったからである。実際に幹部の会議風景を写真に撮ると、グレーのスーツにネクタイの年配者ばかりだった。この写真は後に、ダイバーシティを推し進めなければいけない象徴的な理由だとして、澤田が積極的に使うようになる。

澤田が社長に就任した当時は、意思決定の幹部会議がグレーのスーツにネクタイの年配者ばかりだった。

「このままでいいはずがない、と思いました。社会が急速に変わっていくなかで、あるべき姿を真剣に考える必要がある、と。いろんな人が自立して考えて仕事をする。多様な考え方がある。そういう会社でないと、これからは生き残れない、という気持ちを改めて強くしました」

澤田はすばやく動いた。就任から半年後には、「ダイバーシティ推進室（現・ダイバーシティ推進グループ）」を立ち上げたのだ。しかも、社長直下の組織にした。

「それまで男性社員が中心になって、会社を成長させてきたのは事実です。全国各地で規模を拡大させた。規模の拡大に対応していくためには、それだけの勢いが必要だったんで

しょう」

しかし、規模を拡大するためにハードワークに頼り、人材の多様化にきちんと手をつけてこられなかったのではないか、と澤田は感じていた。

「多様なお客さまのニーズにお応えできる高い質を実現するには、組織の意思決定のプロセスに多様な人材がかかわる仕組みづくりが重要になるのは、当然だと思うんです。来店されるお客さまや加盟店さんが多様化しているのに、僕たちが男性ばかりの会議で商品やサービスを考えていても、受け入れられるわけがない」

先の「ファミマでお惣菜を買わない」と発言した女性社員しかりである。しかし、組織や企業文化を変えることは簡単ではないことはわかっていた。そこで、まずは会社のリーダーである澤田が中心となって取り組まなければならない重要課題だというメッセージを、直下組織を置くことで社内に伝えたのだ。

「改革は、組織をつくって任せてしまえば、できるものではない。本当に大変なんです。トップが相当リードしないと動かない。本気でコミットしないとうまくいかない。みんな、変わる

のはイヤなんですから」

そしてダイバーシティのファーストステップとして澤田が推し進めたのが、最も遅れていたという女性の活躍推進だった。実際、社員の女性比率は約11%、管理職女性比率も２％程度と極めて低かった。「ダイバーシティ推進室」と週一度のミーティングを継続し、仕組みや制度変更に取り組んでいった。

「典型的な男社会でしたよね。本当に遅れていた。それで、こう言ったこともあったんです。今後、新卒採用は、いっそのこと女性だけにできないか、と。さすがに人事が大慌てになりました。極端過ぎるというので、ではどうすればいいのかと問うたら、半分半分くらいなら、となった。問題意識を持ちはじめると、社内の取り組みも雰囲気も変わっていくんです」

推進室では、ダイバーシティ戦略の策定はもちろん、ダイバーシティ・アワードなどの社内イベントの企画、全国26拠点のワークショップなども企画した。２０１８年には、全国に「ダイバーシティ推進地区委員会」を立ち上げ、社員全員にさらなる意識の浸透を図った。

「1つ強くこだわったのは、まずは著しく劣後している女性社員の活躍支援に集中させるとい

うもの。ダイバーシティの指す意味が広範囲なことは理解していますが、あれもこれもと手を出すとわかりにくくなる。また、社員の意識をきちんと把握するために、ダイバーシティ浸透度調査を年４回実施しています」

その結果は部門別に社内に公開され、各部門の推進のエンジンにもなっている。たとえば、「ダイバーシティ推進のために、自分のするべき事が分かっている」という設問。また、「良いと思ったアイディアやおかしいと感じたことを躊躇なく言える」という設問。こうした設問から、各部門のダイバーシティ浸透度や組織で自由に発言できる心理的安全性を数値化していく。

「ダイバーシティを浸透させていくには、数字でわかりやすく示していったほうがいい。各本部にＫＰＩを持たせ、その数字を達成するために何をするのか、本部長以下がブレイクダウンしていく。そして、それが評価につながっていく。自分の業務が数字にどう連携していくかということをリアルに把握できないと、やっぱり実感はわかないんですよ」

ただし、数字などのデータを重視する一方で、その奥にある組織のリーダーの本気度合いはもっと重要だと澤田は語る。データだけでは組織は動かないからだ。

「たとえば、単に女性社員比率を数字のうえで引き上げただけでは意味がない。ダイバーシティを推進していくことの意義を一人ひとりの社員が理解して、納得して、浸透させていくことが、何よりも重要です。さらに、それをいかにサステナブルに成長させていけるか。これは、今後の成長のカギになる。ダイバーシティはきれいごとではないですから。本気でやらないと圧倒的に他社に劣後している状況は変わらないんですよ。だから、ダイバーシティへの取り組みは、待ったなしなんです」

そのためには、時には強引にでもルールを見直す必要もあるし、人材教育のあり方も見直していかなければいけないという。だが、本部では遅れていたダイバーシティは、実は加盟店という現場ではすでに大きく進んでいた。

「店舗では、女性、男性、若い人、年配の人、外国籍の人たちも、みんなイキイキと働いているわけですから。こういう人たちに、いかにやる気を持って働いてもらえるか。すでに現場では努力が続けられていたんです」

多様な人たちに働きがいを持って活躍してもらえる体制づくりは、チェーンの競争力に直結する。通常の施策は、本部から現場へと流れていくが、ダイバーシティに関しては、現場発で本部にも浸透していった面もあるという。

「現場では、とっくにダイバーシティが浸透していた。本部がそうでないなら、是正していくのは当然でしょう。一人の意見から物事を判断するよりも、多様なメンバーから出た意見のなかから物事を判断するほうが、圧倒的に正しい方向性を導き出せます」

そして澤田はこうも言っていた。

「いいことだとわかったら、社員は動き出すんです。これもせめぎ合い。でも、中長期を考えれば、どっちがよいか。社員もすでに気づいていると思うんです」

優秀な仕事ぶりの店舗スタッフは、95%が女性

女性の大胆な抜擢は、本部のなかだけにとどまらない。加盟店で働く優秀なスタッフを、加盟店を指導する本部の社員として登用する仕組みをつくった。

ファミリーマートでは、約20万人のストアスタッフが全国で働いている。そのなかで、全国の各営業所から推薦され、さまざまな審査を経て選ばれた、まさにトップ・オブ・トップのス

タッフを「エクセレントスタッフ」として表彰する場で澤田は、ある気づきを得たという。

「そのスタッフを表彰するアワードのパーティに出席したとき、改めて気づいたことがありました。それは、彼女たちの活躍の場を、より広げるための制度がファミリーマートに必要なのではないか、という思いでした」

エクセレントスタッフのほとんどが、実は主婦中心の女性だった。優秀な仕事ぶりが評価されたスタッフのうち、95%が女性だったのだ。

「自宅の近隣店舗で働いている主婦の方々は、一度ストアスタッフとして働きはじめると長く勤務してくださいます。地域を知り尽くしていますし、女性ならでは、主婦ならではのお客さまへの気遣いも、きめ細かく、本当に最高の人材が多い。長く働いていただいて、地域に深く密着し、感謝されるような関係性をつくってこられたという話がどんどん出てくるんです」

そんな優秀なストアスタッフたちにさらなる活躍の場として澤田が発想したのが、地域限定社員として登用する「エクセレントトレーナー」制度だった。

優秀な仕事ぶりが評価されたエクセレントスタッフの表彰式。そのうちの95%が主婦を中心とした女性だという。

「本来は、こういう方たちにこそ、ファミリーマートの店舗を指導する立場になっていただくべきなのではないか、と思いました。そうすることで、地域にとことん根ざした店舗運営に発展させていくことができる。そう確信したんです」

もちろん本人、さらには店舗オーナーの理解は必要になるが、エリア全体のスタッフ育成業務を行う役割をつくったのだ。すでに10人が誕生しているという。

「社員になられたエクセレントトレーナーの入社式に出席すると、みなさんとても感激してくださいます」

こんな制度ができて、もしかすると選ばれるかもしれないと家族に伝えたら、「ママ頑張って」と子どもたちが背中を押してくれた。パートとして頑張ってきたことが、こんなふうに報われ、次のステップにつながるなんて驚いた。自分のスキルを多くの人に展開することができて幸せだ……。こうした声をもらったという。

「指導を受ける近隣店舗のスタッフたちにとっても、同じ地域で長年働いてきた人が指導役に回るというのは、ものすごく納得感があるようなんです。自分も目指したい、とおっしゃってくださる主婦スタッフの方もたくさん出てきています」

優秀な女性たちが、日本ではたくさん家庭に入っていた。

「もちろん、子育て中だったりして、家庭のことも大事にしたいという人も多い。短い時間なら、という人もいる。近所の店舗で働いていれば、子どもに何かがあって学校から連絡が入ったりしても、すぐに帰って対応することができますよね」

近隣店舗なら、自分の子どもが学校の帰りに寄っていってくれるかもしれない。それなら、親としても安心できる。

「パートやアルバイトのスタッフで終わると思っていたところに、次のステップアップの道をつくれたことは、とてもよかったと思っています。さらに素晴らしい実績をあげてくださったら、また次のステップを考えたいですね」

身近な人に褒められることは、とても幸せなこと

加盟店同士の関係も、澤田が社長になって大きく変わった。かつては本部として、加盟店同士を親しくさせるような空気はなかったという。競合同士であるということに加え、その矛先が本部に向くことを恐れたのだろう。だから、店舗は独立性が強かった。

「そんな時代じゃないんですよ。どうしてネガティブなことばかりを考えるのか。僕はどんどん横のつながりを持ってもらおうと考えた。みんなで助け合って、一緒に勉強して、ファミリーマートが束になって他のチェーン店にぶつかっていく。一部の地域ではすでに行っていましたが、それを組織として仕組みにすれば、もっと強いチェーンになるじゃないですか」

実際、近隣の店舗のオーナーたちが集まり、一緒に視察を行ったり、事例を見に行ったり、

試食会を開いたりするようになっている。

「加盟店さんをたくさん回って気づいたんですが、人手不足で困っている店舗もあれば、すぐ近くにあるのに人手に困っていない店舗もある。だったら、双方で人材を融通し合うような仕組みはできないか。オーナーは違っても、横のコミュニケーションを取ればできるような体制をもっとつくっていかなくてはいけないんです」

単店で勝とうとするのではなく、みんなの力を結集して勝つ。そうすれば力が強くなる。

「そして、みんなで褒め合う。これはスタッフの座談会で聞いたんですが、身近な人に褒められるのは、とても幸せなことなんだ、と。だったら、身近な人をもっともっと褒め合える機会をつくろうと思いました」

いまではエクセレントスタッフとはまた別に、各エリアの現場の社員が中心となって近隣の店舗を表彰する「スタッフいきいきプロジェクト」が立ち上がった。

「スタッフを称賛する文化ができると、やっぱり効果は出るんですよ。みんながやる気になる。

実際、やる気が上がって、焼きとりを日本一売った店舗も出てきたんです」

もちろん、すべての店舗が、澤田が描くような姿になっているわけではない。それぞれの店舗で、さまざまな事情を抱える。それでもお互いに理解し合って、とにかく前に進んでいきたい、と澤田は語る。

「同じファミリーマートという看板を付けた仲間なんですから」

第4章

【マーケティング改革】

売り場を固めて一瞬で、伝える

INNOVATE THE MARKETING

実はまったく伝わっていない、知られていない

ファミリーマートをどう変えていくのか。

もちろん商品やマーケティング面でも、澤田の改革は推し進められてきた。「ファミチキ」や「お母さん食堂」「フラッペ」などが前面に押し出され、ちょっと他社とは違う路線になってきたな、と感じている人も少なくないかもしれない。

澤田自身は社長になる前、商品やマーケティングについては端的な感想をインタビューでも語っていた。それは「ファミマには特徴がない」だった。

その1つの要因として感じていたのが、ファミリーマートのマーケティングコミュニケーションの仕方だった。

「実はコンビニ全体が、僕にとってはそんなに変わらない感覚があったんですよね。いいものができたら、すぐにパクり合いますしね。だから特徴を感じなかった。その理由は、広告コミュニケーションが似ていたことだと気が付いたんです」

極端な言い方をすれば、業界首位のセブン-イレブンの後追いを、他のコンビニがしてしま

っていたのだ。

「季節のメッセージも、商品の打ち出し方も、トーン&マナーがものすごく似ていた。でも、業界首位のセブン-イレブンが投下している販売促進費は、僕たちの何倍も大きい。にもかかわらずトーン&マナーが同じで特徴がないのでは、残念ながら負け戦をするしかない」

セブン-イレブンを謙虚に研究したり学んだりすることは大切だと澤田も認める。業界首位の企業を見なくてもいい、などということは言わない。謙虚に向き合って、改善、改革を進めるしかない。しかし、それだけをやっていても、セブン-イレブンを超えることはできないのだ。

「一生懸命にいいものをつくる、というのは、当たり前のことなんです。不断の努力をずっと続けないといけない。でも、ファミリーマートらしい伝え方をしていかないと、戦い方が同じでは結局、埋もれてしまうんですよ」

澤田には、策があった。それなりに長く続いている企業というものには、特別な商品が１つや２つはあるのだ。それを世に面白おかしく問う、という方法である。

「これが、僕のやってきた手なんです。ユニクロだとフリース。ロッテリアだったら絶品チーズバーガー。クリスピー・クリーム・ドーナツだったらオリジナル・グレーズド。会社を代表する商品です。それをまず確認して、世の中にインパクトをもって面白く伝えていく」

つまりは、セブン‐イレブンとは違う切り口で伝えていくということだ。こうして生まれたのが、「ファミチキ先輩」キャンペーンだった。

「ファミチキは発売以来、ずっとコンスタントに売れていて、お客さまからも圧倒的に支持されている、ファミリーマートを代表する商品なわけです。ファミリーマートのチキンだから、ファミチキ。これはうちにしかないわかりやすいブランドなんです」

だが、会社のなかにいると、会社を代表するような商品は、当たり前のように世の中に知られている、と考えてしまうのだという。

「そこに落とし穴があるんです。ユニクロでも、社内はそう思っていた。ファミリーマートでも、ファミチキは誰でも知っている商品だと思っていた。違うんですよ。実際には、社員が思

うほど世の中の人には知られていないんです」

その象徴的なものとして、大きなキャンペーンで一気に知名度を上げて、いまやファミチキに次いでファミリーマートの代表的な商品になりつつあるフラッペを澤田は挙げる。

「本部にいると『これはフラッペだから、冷凍庫に入れておけば売れる』と思ってしまうんです。でも、僕は実際に店舗に行って冷凍ケースのなかにフラッペがずらっと並んでいるのを見たとき、『これは何だ』と素朴に思ったわけです」

フラッペとは何であり、どうやってつくるのか。社員やスタッフには当たり前にわかっていたことが、実はそうではなかったということだ。

「メディアの人たちに聞いても、ほとんどフラッペのことを知らなかったわけです。どこにあるのかも知らない。どうやってつくるのかも知らない。僕が感じたこととまったく同じことを、メディアの人たちも感じていた。これがリアルですよ」

だから、つくり方をしっかり理解してもらえるキャンペーンを澤田はすぐに議題に挙げた。

店舗にも、フラッペのつくり方のポスターやＰＯＰを貼ってもらった。香取慎吾を使ったプロモーションで、フラッペは一気に浸透することになった。

「実は伝わっていない。知られていない。それを前提にして、すべて疑うところから始めないといけないんです。そうでないと、売れるものはできない」

だからこそ、伝わる力を持った商品をシビアに選択する必要が出てくる。それがファミチキであり、フラッペだったのだ。

「単純なんですけど、会社の強い商品を打ち出したほうが、会社の認知率も高まると思っています。埋もれなくなる。新商品だからと、端っこの位置づけの商品を大きく打ち出しても難しい。やっぱり、ど真ん中の、特別な商品をピックアップして、それをど真ん中で伝える。それが、世の中に一番伝わると思っているんです」

会社の商品はどんどん増えて広がっていく。ここでも足し算が起きてしまうのだ。だから、特徴がなくなってしまう。しかし、引き算をして思い切って絞り込めば変わる。それがまさに「ファミチキ先輩」キャンペーンの大ブレイクだった。

想定外を巻き起こす「ファミチキ先輩」キャンペーン

いまやファミリーマートといえばこのイメージ、といってもいいほどの存在になったのが、「ファミチキ先輩」キャンペーンで使われた、ファミチキの袋をかぶったキャラクターだ。

ファミチキ自体はもともと人気商品だったが、まさにコミュニケーションを大きく変え、独自の世界観をつくりはじめたのが、「ファミチキ先輩」キャンペーンだった。

「ファミチキで何かをやろうとは決めましたけど、僕にクリエイティブのセンスがあるとは思っていません。でも、センスを持ったクリエイターが世の中にはちゃんといるわけです」

ファミチキをどう表現するか。クリエイターたちと徹底的に議論を交わし、出てきたアイディアが、ファミチキの先輩という擬人化だった。

「面白え！　と思いましたよね。まさかファミチキを擬人化するなんて。そんな発想、ちょっとないじゃないですか。あたかも生きているように表現する。普通じゃないですよね。いままでコンビニの商品で、こんなプロモーションはなかった」

ファミチキ先輩のCM撮影で澤田自らかぶり物をかぶった。

そして擬人化だったからこそ、ファミチキの袋を全身大のかぶり物にし、食べるときに切り取る部分を外せば、なんと顔が出てくるという仕掛けが生まれた。ここで澤田自身も、かぶり物をかぶり、まさかの社長登場で大きな話題を勝ち取ることになる。

「僕が役に立てるなら何でもやりますよ。でも、それは後付けですから。マーケットに対して、ファミチキをどう伝えていくのか。面白がってもらって、愛してもらえるのか。それを懸命に考えて、このアイディアに行き着いたわけですから」

澤田がかぶり物をかぶることを決めたとき、反対の意見もあったという。社長がそんなことをするのはおかしいのではないか、大丈夫なのか、と。

「でも、僕はファミリーマートからキャラクターが生まれたことが、本当にうれしかったんです。これまでいろんな他社のキャラクターにロイヤリティを払って仕事をしてきましたからね。言ってみれば、人のフンドシで仕事をしてきたようなものですから」

それは小売業としての宿命だった。だが、澤田自身は違う方法があるのでは、と思っていた。自分たちの商品で、逆に人様がこのキャラクターを使いたい、と思えるくらいのものをつくってみたい。そんな気持ちをずっと持っていたという。

「それが自分たちのブランドですから。だからこそ、際だった商品でもっと強いコミュニケーションをするべきだと思っていたわけです」

この突き抜けた発想が、強烈なキャラクターを生むことになったのだ。

「他社と違うものをやろう。ファミリーマートらしさは何だ。自分たちのコンテンツをつくるぞ。そんなふうに言って、いろいろ考えていったら、ファミチキ先輩にたどり着いたんです」

人気商品の擬人化という大胆な考え方には、社内に反発の声がなかったわけではない。しかし、最終的には社長の澤田が決断した。そしてキャンペーンは予想を上回る注目を集めた。

「何より、ファミチキの認知が圧倒的に上がりました」

そして澤田が何よりうれしかったというのは、加盟店に喜ばれたことだ。

「何がよかったかというと、ファミチキ先輩はかぶれるんですよ。僕がかぶったみたいに。だから、ファミチキ先輩のかぶり物を大量につくって、全国の加盟店さんに送ったんです」

たとえば、ファミチキのキャンペーンを行うときには、ファミチキ先輩のかぶり物をかぶったスタッフが店の前に立つだけで、大いに目立った。

「小さな子どもには、ちょっと怖がられるかな、とも思ったんですが、逆でした。ファミチキ先輩だ、とワァーッと追いかけられて（笑）」

店のイベントに限らず、地域のさまざまなイベントや結婚式の披露宴などでも、ファミチキ

「同じマスコットに仮装して集まった最多人数」の世界記録に挑戦し、775名というギネス世界記録に認定された。

先輩のかぶり物が活躍した。「あれはファミマのファミチキだ」と、ひと目でわかる。ますます認知が広がることになった。

「しかも、加盟店さん、本部社員、お取引先をつなげるときの格好の材料にもなりました。たとえば、『同じマスコットに仮装して集まった最多人数』という世界記録にもチャレンジし、見事７７５名というギネス世界記録として認定されたりもしました。その他にも博多どんたくでは、現場が企画してオーナーさんや社員など50人が同じコスチュームを着て練り歩いたり、ファミチキ先輩を通じて、いろんなコミュニケーションが生まれました。こういうやんちゃなことが楽しいんですよ」

こんなことを最初から考えていたわけでは

博多どんたくで、加盟店オーナーや社員など50人がファミチキ先輩のかぶり物をかぶり練り歩いた。

ない。そこまで自分は賢くない、と澤田は笑っていた。ところが、強力なキャラクターが独り歩きしていったのだ。しかも、これはファミリーマートにしかできない。

「いまでは、イベントがあれば、当たり前のようにファミチキ先輩が求められる地域も少なくありません。いいキャラクターを生み出すことができた」

そして今度はＣＭで、女優の木村多江がファミチキ先輩と恋に落ちたところから、新しいストーリーが生まれた。２人は結婚して子どもが生まれるのだが、それが「ポケチキ」というネーミングの新商品になったのだ。

「キャラクターのＣＭから、なんと新しい商

品までできてしまった。まったくの想定外ですよ（笑）。でも、本当に面白い。これからもっともっと、いろんなことが起きていくと思います」

お客さまはまとまったコーナーを見る

もう1つ、澤田が社長に就任して変わったのが、ファミリーマートの店頭だ。澤田の言葉でいうと、「売り場を固めた」。カテゴリーごとに、商品をまとめていったのだ。

「当たり前なんですが、お客さまはお店に入ったときに、まず全体を見渡すんです。個別の単品に真っ直ぐに目を向ける、というお客さまは実は少ない」

来店客の目線に立てば、実はそのことに気づける。ところが、商品開発は基本的に単品ごとに行われるのだ。

「だから、単品を開発することには一生懸命に情熱を懸けるんですが、それが売り場にどう並んで、実際に来店されるお客さまにどうインパクトを与えているか、という発想が抜け落ちてしまうことが多い。ただ、これは経営の責任なんです。経営こそが、お客さまの立場に立って、

もっと俯瞰して物事を考えていかないといけないんですから」

いいものをつくれば売れる、という時代はすでに終わっている。過去の焼き直しも通用しない。来店客に、どう売り場を見てもらうか、どう商品を見つけてもらうか、ということが問われてくるのだ。

「だから、売り場を固めるんです」

そのために、惣菜売り場には「お母さん食堂」という名称のコーナーをつくった。温めるだけのプライベートブランド（ＰＢ）商品のパッケージも、このコーナーのロゴに合わせたエンジ色に統一した。惣菜のほとんどが、このコーナーで売られている。

「お客さまが見えたときに、パッと『お母さん食堂』が目に入る。そうすると、惣菜売り場だということがすぐにわかる。見え方がぜんぜん違うんです。そこに、惣菜を固める」

実際、商品の内容はほとんど変わっていないのに、お母さん食堂のコーナーをつくってから、惣菜関連の売上げは約２割上がった。70兆円の食全体の市場に向け、各社は商品開発にしのぎ

パッと見て惣菜売り場だとわかる「お母さん食堂」。

を削ってきたが、実は売り場にこそ大きなポテンシャルがあったのだ。

「単品をどんなに頑張ってつくっても、実は売り場では伝わらないんですよ。何をお探しですか、何のために来店されましたか、とお客さまの目線で考えると、そのことに気づける。まとまったコーナーをお客さまは見るんです。見え方がいかに大事か、ということです」

同じように、ファミチキや焼きとり、コロッケなどホットスナックを扱うコーナーも「ファミ横商店街」のコーナー名称ができて、カウンターの上にＰＯＰが掲げられている。

「でも、こういうマーケティングも、誰も教えてくれなかったんだと思います。僕自身、何度も痛い目に遭って、学んできたことですから」

最初の衝撃的な体験は、ユニクロ時代だった。まだフリースブームが始まる前のこと、次に展開する売り場を体育館に仮設して確認する会を澤田は担当した。売り場を変えたかった澤田は、アメリカのアパレルの関係者に会い、彼に売り場の変更を頼んだ。

「そうしたら、アメリカから3人の担当者が送り込まれてきたんですね。そして、半日だけ時間をくれと言う。そうしたら、この売り場を全部、変えるから、と」

澤田と柳井は半日後に売り場に戻って仰天した。

「びっくりしました。商品は変わっていないんですよ。ところが、まったく違う売り場になった。並べ方、色使い、マネキンの使い方、袖のまくり方など、あまりのカッコよさにひっくり返りそうになりました」

ここまで違うのか、自分たちの売り場づくりは間違っていた、と澤田と柳井は痛感したという。まずは売り場を改革していかないといけない。売り場から考えないといけない。なぜなら、来店客はその売り場をこそ見るからである。

後に澤田はフリースキャンペーンで、ユニクロの大ブームを起こすことになるが、背景にあったのは、いかに見せるかという売り場づくりへのこだわりが大きかった。

「あのときも、売れている店と売れていない店の違いは、明るいカラーがちゃんと揃っているかどうか、ということが大きかった。カラーのバリエーションが揃っていない店は、売れないんですよ。売り場を見ると、どんよりと暗い色調で、その差は歴然でした。柳井さんにそれを指摘されて怒られて、僕は強烈に学んだんです」

ナショナルブランドの商品でも、実は特徴あるカラーの商品のキャンペーンは、よく売れるという。その商品を固めることで、来店者はすぐに目に留めることになるからだ。

「売り場に入ると一発でわかる。売り場を固めるときには、カラーが大事なんです」

そして澤田のこうした提案に、加盟店はすぐに賛同する。「お母さん食堂」も「ファミ横商店街」も一気に広がっていった。

「加盟店さんは、儲かると思ったらすぐにアクションされるんです。店舗を経営する立場としては売上げが上がることには非常に敏感です。一方で、本部はまだまだサラリーマン気質。その緊張感に差があることは否めません。その差を縮めるための危機感をどれだけ共有できるかが、いまの重要課題なんです」

ファミリーマートの売り場に行って、チェックしてみるといい。店舗に入るとすぐ、どんなものがどこにあるのかが、以前に比べてわかりやすくなっている。

お客さまにアピールできるか、加盟店に喜んでもらえるか

商品開発についても、澤田は仕組みを変えている。社長に就任したとき、長期の商品計画がつくられていなかった。

「1年を52週に分けて、それぞれでどんなものをつくっていくか、売っていくか、いわゆる52週計画を持っていないといけない。あるにはあったのですが、それがきちんと機能していなかった。商品本部がつくって、プッシュしたものを展開していた。過去はそういう時代だったん

ですよ。いいものさえつくれば売れた。ずっと、そういう時代が長く続きましたから」

いまは52週計画が店頭での販促などにまで落とし込まれるようになった。どの週にどんなものをつくっていくのか。テレビＣＭなども投入するＳランク商品はいつ展開するのか。それをどうやって売り場展開していくか。プラスアルファでＡランク、Ｂランクをつくったら、どれをどう打ち出すか。ＰＯＰだけつくるのか。みんなが納得をして、それを売り場で表現する。52週分、繰り返しやっていく。

各部署がそれぞれ計画を立てていた時代は、お決まりの事態が起こっていたはずだと澤田は言う。商品本部は決めていたけれど、営業本部はまったく知らなかった。そういうことが起こりうるからだ。

「これもユニクロで経験していたんです。商品部と営業部というのは、ギスギスしやすいんですよ。商品部は、せっかくいいものをつくっているのに営業部が売らないじゃないか、と言い出す。営業部は、これは売れないって何回言ったらわかるんだ、と商品部を責める。放っておくと、こうなってしまうのは宿命なんですよ」

必要なのは、商品部と営業部が腹を割って議論することだ。それを妨げているものが、何であるかを澤田は知っていた。オフィスの問題だ。

「営業部と商品部が離れていると、そういうことが起こるんです。だから、すぐ近くにする。ユニクロでは、営業部と商品部の間に大きなテーブルを置いて、ここで頻繁に議論しろ、と言いました。だから、ファミリーマートでもやったのは、営業部と商品部がすぐ近くに机を並べるように物理的な改革をしたことでした」

そして一緒に議論をしながら、52週計画をつくっていく。言いたいことは、お互いきちんと言い合って、納得しながら考えていく。仕事のやり方はずいぶん変わったのではないかと澤田は言う。

「いまは営業と商品で徹底的に議論して、議論し尽くしてから、僕のところに最終確認が来るので、以前より多くは言わなくなりました」

ただ、当初は商品計画にも遠慮なく口をはさんだ。何よりのポイントは、来店客目線だ。

「大きく言えば、お客さまに展開する意味が伝わるか、ですね。売り場できちんとお客さまに

アピールできる商品なのか。コミュニケーションをどうするのか。売り場でどうするのか。広告でどう伝えるのか。そういうことがちゃんと考えられているか」

そしてもう1つが、加盟店目線である。

「これをやることで、加盟店さんから本当に喜んでもらえるのか、ということです。商品そのものが売れることはもちろん、付随するオペレーションがわかりやすく簡単なことも重要です。たとえば、週替わりでいろんなキャンペーンを計画したりするわけですが、そうなるとＰＯＰも週替わりで替えなければいけないわけです。何回、ＰＯＰを替えないといけないのか。加盟店さんに負荷はどのくらいかかるのか。それをちゃんと考えているかどうか。本部がよかれと思っていても、加盟店さんが本当に納得して売り場をつくりたくなるキャンペーンなのか。売り場でちゃんと実現ができるのか。そのあたりはかなりうるさく言っていました」

これまでさまざまな小売りや飲食のビジネスに携わってきた澤田だが、商品戦略そのものには奇策はないという。

「ファッションと違って、日本人の食の傾向って、基本的にそれほど変わらないんです。夏になると冷たいものが食べたくなったり、冬は温かいものが食べたくなったり」

だから、大きな原則は、基本的にベーシックなものだということだ。

「だから、これまでとどう見せ方を差別化するか、どう打ち出し方を変えるか、ということが大事になる。まったく新しいものなんて、実はそうそう受け入れられるものではないんです」

実際、お母さん食堂のＰＢ惣菜で、澤田はそれを確信したという。

「初期の頃、食卓出現率上位のメニューが半分くらいだったんです。それで、指摘したんです。なぜ5割なのか、と。家で食べられるものを、もっとつくったほうがいいんじゃないか、と」

食卓出現率の高いメニューを増やしたら、売上げがポンと上がった。

「お客さまが食卓で召し上がっているものをつくったらいいんですよ。何も変わったものをつくろうとか、しなくていい。商品開発者が趣味みたいに、新しいものをつくる必要はないんです。そもそもそんなにマジックはないんです」

むしろ、王道の商品のクオリティをいかに高めていくか、が重要。力はついてきているが、もっともっと上を目指す、と澤田は語っていた。

誰だって、自分たちのブランドに誇りを持っている

大手コンビニや大手スーパーの商品戦略といえば、ＰＢ商品の強化がある。店舗に入ってすぐのスペースに、ずらりと小売り自社のブランド名の入ったお菓子などの食品が並んでいる店舗も少なくない。だが、ＰＢ戦略については、澤田は実は懐疑的に見ている。

「コンビニというと、お弁当や惣菜の中食に力を入れないといけない、商品を開発しないといけない、というイメージがあります。たしかに利益率の高いこれらの商品は大事です。でも、売上げに占める中食の割合というのは、そうはいっても30～35％なんです」

それ以外の65～70％は何を売っているのかというと、他のメーカーがつくった商品を売っているのだ。

「ＰＢ商品といっても、結局はメーカーさんがつくっているわけです。日本を代表するナショナルブランドのメーカーさんはすごい技術や開発力がある。なんでもかんでも自前でやろうとせずに、メーカーさんとお互いがウィン‐ウィンになる仕組みが重要だということなんです」

　メーカーにとって、自社の名前が出なくてもＰＢ商品を手がける理由は、大きく２つ挙げられる。大手チェーンの売り場に商品を並べられ、棚を確保でき、売上げのチャンスを得られること。そして、ブランドを変えることによって、自社ブランドではできない価格設定ができることだ。

「それ自体、僕は否定しませんが、大事なことは、お客さまにとっての価値だと思っているんです。たとえば、ファミリーマートだけのものが店頭に並んでいても、それがお客さまにとって魅力的な売り場といえるのでしょうか。それよりも、メーカーさんの知名度や信頼感も借りながら、一緒になって、ファミリーマートの売り場をどう盛り上げられるかを考えたほうが、お客さまにとってもいいんじゃないかと考えたんです」

　それなら、新しい価値を生み出せるということだ。

「ファミリーマートの売上げは年間3兆円あるわけです。カテゴリーによっては、1社で数百億円の売上げになることもある。こうなると、ちょっと何かつくってほしい、とお願いするのは難しいことではない。メーカーさんには開発力も技術力もありますから、それはできます。でも、こんなことをしていて、本当に付加価値につなげられるのか、と思うわけです」

それよりもメーカーとガッチリ一体になって商品や売り場をつくる。52週計画にメーカーにも入ってもらって力を合わせてつくっていく。

「もっとメーカーさんをリスペクトするということです。ファミリーマートの商品開発担当者に、メーカーさん以上の開発力があるんだったらいい。でも、ないわけですよ。日本のメーカーの技術力はスゴイ。それだったら、もっとメーカーさんと一緒に掛け算の取り組みをしたほうがいいんではないかと」

PBにして、ファミリーマートブランドで売るという一辺倒ではなく、堂々とメーカー名で売ろう、ということだ。あるいは、ファミリーマートとのダブルネームで売る。すでに、そのトライアルは始まっている。新たな付加価値を生み出すのだ。

「そうすれば、メーカーさんだって燃えると思うんですよ。メーカーさんは、自分たちの会社に、ブランドに、誇りを持っているわけじゃないですか。その現実に気づかないといけない」

一方でファミリーマートには、店舗という付加価値がある。全国約１万６５００店の店頭の発信力は驚異的なものがある。この付加価値を活かして、共同で商品をつくっていくのだ。

この付加価値を活かした新しい取り組みが２０１８年からすでに始まっている。さまざまなカテゴリーの有名ブランドのメーカーとコラボしたキャンペーンを月替わりで企画したのだ。

「春のお菓子、夏のドリンクなど、そのカテゴリーが一番売れるときに、一番売れるメーカーさんと、これまで以上に強力なタッグを組んで、お客さまや加盟店さんに喜ばれる施策を毎月、実施していくんです」

協力メーカーに選ばれたメーカーに対しては、社長の澤田自ら、「この月は、みなさんの月です。一緒に売り場を盛り上げるために考えていきましょう」と提案するという。

「そして加盟店さんにもモチベーションを上げて取り組んでもらうために、キャンペーンで頑張った加盟店さんを、報奨する仕組みをつくりました」

これには加盟店からも大きな反響があった。報奨には、海外視察やメーカーの工場見学なども組み入れられ、いままでのキャンペーンにはない規模だったという。

「森永製菓さんのチョコボールとファミチキ先輩が組んで、『キョロチキ先輩』というキャラクターを新たにつくったんです。これから、こういう仕掛けもやりますよ」

これまでのレビューを踏まえて、仕組みや仕掛けもどんどん変えていく。来店客にどれだけ響くのかという視点に加えて、加盟店が楽しんで販売する企画になっているかという点を何より重要視しているのは澤田らしい売り場改革だ。

地域をあげて盛り上がる「うまいパン決定戦」

加盟店、メーカーに喜ばれたファミリーマートならではの企画、といえば、全国多くのエリアで大いに盛り上がった「うまいパン決定戦」がある。

これは、全国の製パンメーカー9社が、1つのテーマで開発した商品を販売し、最も売上額が多かったパンをファミリーマートが「うまいパン」に認定するというキャンペーンだ。

２０１８年11月下旬から３週間かけて行われたが、全国を５ブロックに分け、各ブロックでナンバー１を競った。１位になったパンは、１月から再度ブロックで販売。決定戦の途中経過は、専用のウェブサイトで紹介された。

この企画のきっかけは、すでに紹介した社員とランチを囲む会「澤田めし」だった。

「商品本部の６人のメンバーと食べていたんですが、実はそのうちの２人が大手製パンメーカーからの出向者だったんです。せっかくなので、いろいろ聞いてみよう、と（笑）。どうして出向しているのか、どんなメリットがあるのか、いろいろ尋ねてみたんです」

出向していた理由は、商品開発のサポートのためだった。さらに聞いていくと、なんとなく各メーカーですみ分けが調整されているようだった。

「それで言ったんです。だったら、勝負しようじゃないか、と。みんなであるテーマを決めて、一番うまい会社のパンを選んで、そのパンを売れるようにする。どうだ、と」

その日の澤田めしは大いに盛り上がり、その後メーカーに正式に協力を依頼したところ、各社とも乗ってきた。なんと全国の大手メーカー９社が賛同してくれたのだ。

うまいパン決定戦の記者会見でプレゼンテーションを行った、各パンメーカーの担当者。

第1回の開発テーマは「フルーツ」。シロップ漬けのリンゴをトッピングした「キャラメルアップルケーキ」や、白いビスケット生地をかぶせたメロンパンに2種類のメロンクリームをサンドした「白いメロンパン」などが開発された。

「うまいパン決定戦の構想を発表する記者会見では、パンメーカーの担当者にプレゼンテーションをしてもらったんですが、そろいの法被を着たり、かぶり物をかぶったり、寸劇があったりと、各メーカーのみなさんがＰＲを熱心に考えてくださり、大盛り上がりになりました。勝負ですけど、楽しんでいただきたかった。楽しみながら企画した商品なら、きっとお客さまにも楽しんでもらえるからです」

この取り組みの１つの大きな特徴は「各ブロックで１位を決める」という方法が採用されたことだ。各地域の店舗で「自分たちの推しパンはこれ」と積極的に打ち出し、地域密着型の買い物体験を提供することを考えたのだ。

「だから極端な話なんですが、Ａ社のパン工場の近くにある店舗は、とにかくＡ社のパンを一生懸命に売るわけです。だって、Ａ社の社員の方が周辺にはたくさん住んでいるんですから。そうなったら当然、Ａ社のパンを推すに決まっています」

それではフェアな戦いではないではないか、という声もなかったわけではない。

「いやいや、それこそがフェアなんですよ。だって、店舗がＡ社のそばにある、というだけで、もう他の店舗とはぜんぜん違うわけですから。そしてＡ社の人たちは、店舗で自分たちのパンが推されていたら、それはうれしいでしょう。よっしゃ、自分たちも応援しよう、ということになると思うんですよ」

実際、あるブロックでは、前週まで負けていた、地元のあるパンメーカーが、翌週、一気に

地域、店舗をあげてお祭りのように盛り上がり、パンの売上げも上がった。

ひっくり返すようなこともあったという。社員や家族が総出で応援したのだ。

「お祭りですよ。地域をあげて、店舗をあげて、盛り上がる。そうすると、お客さまも面白がって、見に来てくださるんです。実際、パンの売上げはポンと上がった」

そして、このような取り組みはパンに限らず、できるはずだと澤田は考えている。地域を盛り上げる、さまざまな企画ができると考えている。

「何より加盟店さんに喜んでもらえるんです。加盟店さんは、売り場をつくることが一番大事なんです。お母さん食堂もそうですけど、こういう仕掛けがあると固めた売り場ができ

るんです。売り場ができると店は変われる。思いも入るんです」

いいものをつくって売り場に並べれば売れる、という時代は終わったと澤田は強調する。せっかくいいものをつくっても、伝わる機会がないといけないのだ。

「こういうことをやると変わってくるんです。そして、ファミリーマートがまたパンの決定戦をやってるよ、ということになる。ファミリーマートって、面白いことをやっている会社だというイメージがつくれる。それがデファクトになる」

デファクトになれば、他社との差別化ができる。ファミリーマートに行く理由が生まれる。

「何がファミリーマートのデファクトになるか、それを考えないといけないんです。パンに限らず、あらゆるところで仕掛けないといけない。社名のとおり、加盟店さんともファミリー、メーカーさんともファミリー。ファミリーマートという社名のもとで、我々の持っているいろんな資産を活かして、いろんな仕掛けができていくと思っています」

自分で本気スイッチを入れた人は、強い

商品・マーケティング改革についても、澤田が強く意識しているのは、やはり現場だ。売り場からどう発想できるか、ということである。

「結局、僕たちのビジネスの最大のポイントは、直営ではないということなんです。だから何より加盟店さんに、『これ面白い』『よっしゃ、これやってみよう』と思ってもらえるか、というのが、とても大事なんです」

加盟店が本部の施策に共感し、関心を持ち、現場視点、売り場視点からさまざまな意見を出してくれるかどうか。

「そういうところから、僕たちはいろんなことをつくっていかないといけないんですよ。そのためには、やっぱり売り場のことがわかっていないといけない」

もちろん本部として、消費者に直接、さまざまなメッセージを発し、コミュニケーションを

とっている。しかし、それ以上に加盟店が消費者にメッセージを発しているのだ。

「最終的には、売り場で加盟店さんが表現されたことこそが、お客さまに伝わっていくんです。これがコンビニビジネスの肝だと僕は思っているんです。でも、これは経営の責任でもあるんですが、これが肝だと考えている人が、やっぱりまだまだ少ない」

実際、澤田はいまも現場にこだわり、現場を訪問する。忙しい合間を縫って売り場に立つこともあるし、全国の加盟店の訪問を欠かすことはない。

「僕自身の考えだって、店舗に行っていると、どんどん変わっていくんです。世の中は変わる。お客さまも変わる。店舗も変わる。だから、変わっていくのは、当たり前のことなんです」

しかし、それは店舗に行かなければ、見えない。だが、「売り場を見たか」「売り場視点で考えたか」「加盟店さんと話したか」ということを社員に言っても、「店舗に行け」「現場に行け」とは澤田は言わない。

「意外かも知れませんが、僕は何か行動そのものを指示したりする、というのは、あまり好きではないんです。こうしろ、ああしろ、行け、みたいなことは、僕のスタイルとはちょっと違っている」

自ら気づいて行動してほしいのだ。

「人は自分で『これだ！』と思わない限り、目標に向かって動けないんですよ。人に言われてやるのでは通り一遍な動きしかできない。もちろん僕みたいな人間ばかりではないと思いますけど、やっぱり自分で腹落ちしてスイッチを入れると、その後、結果もついてくることが多い。やっぱり自分で気づいて行動してほしいんです」

そして結局のところ、自分で気づけなければ、本気になれないことを、澤田は知っている。自分でスイッチを入れた人間の強さを、澤田はよく知っているのだ。

象徴的なエピソードがある。社長に就任したばかりの頃、加盟店向けの広報誌が、澤田の逆鱗に触れた。

「本当に面白くなかったからです。それで、こんな内容だったら捨ててしまえ、廃刊だ、と言ったんです」

なぜ面白くないと感じたか。担当者の想いがまるで感じられなかったからだ。ただ前例を踏襲していただけ、つくらないといけないからつくっている。そんなふうに見えた。一生懸命さがまるで感じられなかった。

「加盟店さん向けの広報誌なんですから、加盟店さんがいま、何を求めているかを、よく理解してつくらないといけないんですよ。ところが、義務としてつくっているとしか思えなかった。だから、ボッコボコに言いました。かなりびっくりしたと思いますけど」

担当者や関係者は戸惑った。しかし、何のために広報誌があるのかを、改めて問い直した。加盟店の声を聞き、求められていることを懸命に追い求めた。

「そうすると、変わってくるんです。何度かやりとりしているうちに、企画がどんどん面白くなっていった。みるみる、いいものになっていった」

1年後、加盟店のスタッフたちのイキイキとした表情の写真が次々と並ぶこのリニューアルした広報誌は、外部の「社内報アワード」でグランプリとして表彰されるまでになった。加盟店に会社の動きを伝えることが楽しくなったいまは、自分たちで企画した動画のニュースを毎週配信している。

「僕が、こうしろ、と言ったわけではありません。面白いこと、楽しいこと、みんなにいいことだから、みんな一生懸命になったんですよ。正しいことだったから、結果が出せた」

もう1つ、澤田が印象強く覚えているのが、人事が制作した新卒採用のためのリクルーティングブックをめぐるエピソードだ。採用ツールにどんなものを使っているのか、話を聞きたくなって人事の担当者に社長室に来てもらった。

「コンセプトやテーマづくりから全部、外注をしていて、自分たち人事としての思いが何もなかった。このときも、めちゃくちゃ怒りました。お前らの意思はどこにあるんだ、丸投げをして、それが仕事だと思っているのか、と」

出てきた案はすべて却下した。担当の若い女性社員は社長室で半べそ状態になった。だが、澤田はまったくひるまなかった。

自分で考えていないもの、丸投げ、過去の延長線上をなぞっているもの、単なる焼き直しのような仕事に澤田が怒るのは、それが正しい努力ではないからだ。そしてそういう仕事は、周囲にあっという間にわかってしまうからである。

「僕は、個人個人に成長してほしいんですよ。本気でそう思っているんです。社員の成長なくして、会社の成長なんてない。でも、吐くくらい懸命に考えて、いろいろ失敗もして、泣いたり笑ったりしない限り、成長なんてできないんです」

何度もダメ出しを連発した。だが、このとき担当の女性社員が奮闘する。人事としていま、何を伝えるべきか。学生は何を求めているのか。必死で考え、考え抜いてこんなコンセプトを出した。

最近のファミマはヤバイ！

澤田は気に入った。しかし、期日ギリギリで届いたパンフレットに澤田はまた怒った。

「こんな高級な紙を使ったパンフレットをつくって、これのどこがヤバイんだ。まったく響かねぇ！」

まだまだ過去の延長線上から抜け出せていなかった。

そして２０１９年、同じコンセプトで、ミニ新聞のようなユニークな体裁の２０２０年新卒採用のためのリクルーティングブックができあがった。澤田は、とても気に入っている。

「必死になってつくったものは、みんな誇りに思うんです。いいものつくったね。これで学生さんがファミマに入りたいとなって、いい人材が採用できれば、担当である彼女もうれしくなるじゃないですか。また頑張るわけです。そういうサイクルにならないといけないし、そうなってほしいんです」

澤田に叱られ、制作物を全否定された女性社員は、間違いなく成長したに違いない。それが澤田には何よりうれしいのだ。

「でも、調子に乗るんじゃねぇぞ、と言いましたけどね（笑）。そうやってみんなが切磋琢磨したら、楽しいじゃないですか。そういう会社をつくりたいんです」

第5章

【制度改革】

正しいことに挑む、仕組みをつくる

INNOVATE THE SYSTEM

澤田が号泣した、中国人留学生のインタビュー映像

さまざまな側面から進んでいるファミリーマート改革。これだけ巨大なビジネスが変わっていくのは、並大抵のことでないのは言うまでもない。澤田はいったい何をしたのか。

「ものすごくシンプルに言えば、僕自身がやりたいことをやっている、ということではないでしょうか。こういう会社にしたい、と僕が本気で思っていることです。それがもし、おかしなことだったら、変わらないでしょうね。でも、正しいことだと思って本気で行動していれば、絶対に変わると思っているんです」

これこそがリーダーの役割だ、と強烈に教わった体験が澤田にはあるという。もちろん柳井正をはじめ、日本を代表するリーダーのもとで学びも得たが、ある映像に涙してしまったことがある。リーダーシップ教育・社会啓発を目的としたＮＰＯ「ＩＳＬ（アイ・エス・エル）」の創設者、野田智義が見せてくれた映像だ。

「僕がリヴァンプをつくった理由の１つは、リーダーを育てたい、という思いだったんです。

若い人でリーダーになる素養があっても、なかなかチャンスがない。小さな会社だけど、リーダーになれるような、いろんな経験ができる環境を、僕はつくりたかった」

リヴァンプの社員が１００人を超える規模になったとき、リーダーシップ論では日本で権威といわれていた野田に、澤田は講演を依頼した。社員に向けて、野田の考えるリーダーシップについて語ってもらいたいと思ったからだ。しかし、野田は講演にやってきたが、ほとんどしゃべることはなかった。

「その代わり、１つの映像を見せられたんです。これが本当に強烈だった」

中国から来たある留学生がいた。彼女は日本の大学を卒業すると、日本の大手企業に就職して働いていた。

「ところがそんなとき、中国人の留学生が日本で不当に扱われて苦労をしている、というニュース映像が中国で流れたんです」

それがあっという間に広がって、彼女も見ることになった。

「でも、彼女は日本に留学し、日本の会社に入って仕事をしてからも、ずっと日本によくしてもらっていると感じていたわけです。このニュースは誤解だ、と感じた。それで、この誤解を解かなければいけない、と言って立ち上がるんです」

映像はその姿をずっと追いかけていた。

「彼女は会社を辞めて、テレビ局に勤めている友人のところに行って、ムービーを撮れるカメラを借りて、留学生の実情を追いはじめます。最終的にはそれを編集して、1本の映像にした。そうすると中国のテレビ局が注目して、中国で放映したんです。結果、素晴らしい番組だと高く評価された」

彼女が伝えたかったのは、人間はどこで生まれても、基本的にいい人たちなんだ、ということだったのだという。その信念で進めたこの映像は一人でつくられたものではなかった。

「内容もさることながら、彼女の思いに共感した仲間がどんどん集まっていく様子に感動したんです。最後は何十人ものチームになって、編集もプロがやってくれた。彼女も含めて、全員がボランティアなんです。でも、中国という国を動かすほどの映像ができた」

野田はこの映像だけを見せたのだという。

「リーダーというのは、思いなんですよ。これを達成したい、という本気の思いがあるかどうか、なんです。それが正しいことであれば人はついてくる。その点で、彼女はリーダーでした。地位も何もなかったけど、間違いなくリーダーだったんです」

澤田は映像を見て、号泣したのだという。

「リーダーって、これなんだとわかったんです。動かすんじゃないんですよ。あれができていない、これができていないって、直接行動を指示することでもない。どれだけ背中を見せられるか、なんです。どこに行こうとしているのか、人としてどうあるべきか、どう生きていきたいか、で決まるんです」

澤田が若い頃にむさぼるように読んだ松下幸之助やデール・カーネギーの本で書かれていたことが、ようやくわかった気がした。父親の葬儀になぜ、あれほどたくさんの人が来てくれたのか、ということも。

「僕の理想のリーダー像というのは、本当にその仕事が好きで、その会社や組織をあるべきゴールに導く人です。イトーヨーカ堂の伊藤雅俊さんや柳井正さん、セコムの飯田亮さんや日本マクドナルド創業者の藤田田さん、スターバックスのハワード・シュルツさんなど、お会いして共通項を感じたのは、その仕事が誰よりも好きで、誰よりも努力しているということです。だから、周囲は納得するんです」

そして、ビジョナリーであることだ。

「柳井さんは、世界一のアパレルを本気でつくりたいと考えている。目指すものが大きいんですよ。僕はこれを、ファミリーマートでもやらないといけないと思っている。日本の人たち、日本にやって来る人たちみんなを幸せにできる会社にしていきたいんです」

改革の答えは全部、現場にある

澤田が社長に就任したのは、ファミリーマートとサークルK・サンクスの統合のタイミングだった。２兆円企業と１兆円企業の統合。役員も20人規模の大所帯だった。

「役員会も迫力ありましたよね。それで、ファミリーマートのやり方がどうの、サークルK・サンクスではこうだったの、という声が聞こえつつあった。ああ、始まったな、と思っていました」

澤田は考えていた。全員がぐうの音も出ないこととは、いったい何なのか、と。やっぱり現場だと思った。

「現場を自分で理解して、現場改革をやるぞ、と言いました。役員も全員、研修しろと言いました。強制ですよ。あと、繁忙期に応援に行く。役員も行く。それを決めた。いやがったら、申し訳ないけど、辞めてもらうしかない、と」

現場目線の会社を目指そうというのに、経営陣が現場のことがわかっていないのでは、話にならない。

「だから、僕から圧倒的にやるしかないんですよ。約７０００人の社員のなかで、僕が一番激

繁忙期には、役員も含め社員全員が店舗の応援に行く。

しく働く、ということです。じゃなかったら、お前、言ってるだけで何もやってないじゃないか、と言われます。それでは、誰も言うことなんて聞かない」

　もちろん簡単に変わったわけではない。上から変わるために、社長直轄の新しい組織をまずつくっている。「改革推進室（現・加盟店ソリューショングループ）」だ。澤田の発案で、改革の骨格づくりを担った組織だ。

「いい悪いではなく、いままで会社を引っ張ってきた社員には大変な自負もある。だから、今日があるわけですし。それは本当に、そのとおりなんです」

　しかし、改革というのは、そこに安住する

ことを否定していかないといけない。

「長くいればいるほど、自己否定はなかなかできない。だから、リーダーが信念をもって組織を牽引するしかない」

改革をするときに、上層部の動向は極めて大事になる。社員はリーダーの背中をよく見ているのだ。

「しばらくの間は、経営者がバンバン意思決定しないと改革は進まないんです。大きな歯車をグーッと回していくには、相当な力がいる。だから、改革推進室をつくって、強引に僕が決めていくタイミングが当初、必要だったんです」

改革推進室のメンバーは、多様な視点で既存の価値観を変えていく必要があった。社内外からの公募で人材を募集したほか、伊藤忠からの出向者も加えるなど、30代から40代前半の若いメンバーを中心に組織されたという。

「加盟店さんの声はどんなものがあるのか。オペレーション改革の優先順位をどうするか。ど

こまで改革は進んでいるのか。どのくらいの業務効率の改善につながったのか……。何をするか、毎週、ガチンコで会議をしていましたね」

もちろん社内には抵抗も生まれた。それまでやってきたことを否定されたように感じたのだろう。面白いはずがない。いい悪いではない。当たり前にそう思うはずだと澤田は言う。

「だから、何をベースにしているのかが重要です。答えは全部、現場にある、という原則を貫くということです。逆に、改革推進室の独りよがりでは絶対にうまくいかないと思っていました。メンバーはとにかく現場に行っていましたね。加盟店さんの声を聞け、オーナーさんの話を聞いてこい、と僕も何度も発破をかけていました」

ただし、改革推進室は歯車が動きはじめたら、社長の直轄から本来あるべき部署に移管させるつもりだった。

「基本的にはラインの長が改革にコミットする。どこまでやるか、決める。課題はわかっているわけですからね。歯車が回りはじめる一番重い力仕事はトップが行い、歯車が回りはじめたらラインに戻すんです。そこで歯車が止まるようなことがあれば、彼らの責任です」

こうして改革の骨格をつくった。改革が進まなければ、責任が問われる体制だ。

「人事ほどパワフルなものは、ありません。僕は、人事権を持っているわけです。誰とチームを組むかですべては決まる。自分のエゴじゃないですよ。物事を進めていくために、必要なチームです」

澤田は改革をしなければいけなかった。もし改革できなければ、澤田が責任を取ることになるのだ。

「役員本人に問題があるわけではないんです。いま歯車を回すのに必要なリーダーはどういう人材か、という話なんです」

澤田には、ユニクロでの強烈な原体験があった。入社時に売上高400億円の規模だった会社は、澤田が抜けるときに4000億円規模の会社になっていたわけだが、極めてわかりやすい大きな変化があった。社長の柳井以外の役員が全員、入れ替わっていたのである。

「僕が入ったときの役員は全員、退任されたんです。柳井さん以外。それから、柳井さんが目指す方向性を、各現場でリーダーとして実現できる人材が役員となりました」

企業のステージが変わっていくとき、経営陣も変わっていかなければいけないのだ。

「柳井さんはこれをいまも強烈にやっているから、売上高2兆円規模のものすごい会社になっているんです。時価総額も6兆円ある。これはと思ったら、どんどん昇進させる、ダメだったら降格させるくらいの柔軟性が必要なんです。日本企業ではまだ珍しいですが、実際、うまくいっているわけですから」

ユニクロで役員は自ら去ったのだという。彼ら自身がそう判断したのだ。

「役員の人数は、少なければ少ないほどいいんです。そのほうが、物事の判断ができ、エッジの立ったものになる。人数が多ければ多いほど、訳がわからなくなっていくんです」

だから、いまのファミリーマートの役員は、猛烈に仕事をしていると澤田は語る。

「メチャメチャ仕事、してますよ。プレッシャーもかかっている。でも、最後に責任を負うのは役員たちです。それが、役割ですから」

澤田はアメリカ流の経営の厳しさも見てきている。

「それは激しいですからね。猛烈です。ダメだと思われたら、瞬間クビですから」

正しく判断できる人が、責任を持って決めればいい

社長就任の朝、社長室に入ると、社長決裁が求められている書類が山のように積まれていた。

「てんこもりにありましたよね。まず思ったのは、こんなに細かいことまで社長が決裁しないといけないのか、ということでした。社長といっても、会社のすべてのことについてわかるわけではなく、しかるべき権限のプロセスがあるはずだ、と」

権限委譲をしていった結果、いまは決裁するものは、重要事項を除けばほとんどない。

「その分野に精通している人が正しく判断できる人であり、責任を持って決めればいい。そう言って、どんどん委ねていきました」

役職者の仕事は大きく変わった。自分で判断できることは判断する。自分で責任を持つ。そして、やるべきことにコミットする。

「役職者の条件は、とてもはっきりしています。結果にコミットする人であることです。これに尽きます。能書きは誰でも言えますが、求められるのは結果です」

改革も同じだ。

「会社の大きな方向性は決まっていて、やらないといけない改革もわかっている。だから、改革できない人は外れるしかない。外れてもらうしかない。役職者の人事は極めて大事なんです。なぜなら、社員がみんな見ているからです」

どういう上司が評価され、どういう上司がそうでないか。部下にとっては、それが会社の方向性に映るからだ。

「上司ができないんじゃないかと思った瞬間、もうできなくなるんです。でも、できると思ったら、絶対にできる。できないことを解決するから、高い給料をもらうということでなければおかしいわけじゃないですか」

だから上司を、しっかり表に出していく。加盟店が集まる「感謝のつどい」では、澤田は地域のトップを必ず壇上に上げる。この地域の責任者であるということを、本人にもはっきりと自覚してもらうためだ。

「それがコミットメントですから。地域をマネジメントしていくのは、僕じゃないんですよ。地域のトップなんですよ」

落ち込むオーナーを救った、スーパーバイザーの励まし

マネジメントについて、澤田がとりわけ強く意識したのは、人事制度改革だ。評価の仕組みづくりである。

「僕は評価はものすごく大事だと思っているんです。結局、会社は社員のやる気で決まるんです。人間のやる気こそ、本質なんです。そのためには、何をやるのか確認をして、その後にできたかできなかったかを評価するというプロセスがないといけない。これで、ほぼ人間のやる気は決まってしまう。ここに絶対に準拠しないといけない。それを新たにきちんと整えていかなければいけないと思いました」

澤田が着手したのが、これまで一部でしか運用されてこなかったＭＢＯ（目標管理制度）の全社導入だった。さらに評価における、上司と部下との、しっかりした面談も、残念ながら行われていなかったが、これも徹底することにした。

「どんな目標で仕事をするのか、定める。その進捗について、上司と面談をしてしっかり話し合う。そのうえで評価をする。大事な社員を預かっているわけですから、これは絶対にやらないといけない、と僕が言いました」

これまで多くの会社に携わってきて、評価をしっかり受けること、そこに時間をしっかりかけることが極めて重要だと気づいた。

「評価って、完璧にはできないんです。だから、時間をかけて議論することが大事になる。そして評価をするためには、目標設定しなきゃいけない。それがない限り、議論ができない。だから、個人面談、評価、時間、評価者と被評価者の教育は、ものすごく大きなテーマでした」

教育プログラムについても、仕組みづくりを進めた。組織変更に伴い、それに基づいて各部門のトップに、社員の教育プログラムを整えるように指示を出した。どの階層の人間が、どんなスキルを持っておくべきか。スキルマップの整理である。

求められるレベルに到達しない人は厳しく評価する。逆にその水準に達している人は昇格させていく。一定期間の猶予はつくるが、教育プログラムを全社員で共有する。

加盟店を指導するスーパーバイザー約２５００人に対しては、評価の基軸をはっきりさせた。加盟店への経営と、経営以外のコンサルテーションの2軸からなるマトリックスをつくり、その両方ができる人材が優秀なスーパーバイザーと位置づけた。

どちらもできていない役職者には、これから1年も同じ状況なら交代の可能性もあると伝えた。いまの生活があるために猶予は必要。ただ、それ以上は待たない。同時に、優秀な若手はどんどん抜擢するとも伝え、そのためのカリキュラムを作成している。

評価制度の変更に社内的な軋轢などはなかったのか。

「もちろんノイズがないわけではありません。正しいことは、いろいろあっても、最終的には、正しいことは正しい方向に流れていくんです」

ただ、役員クラスには結果しか求めないが、社員は違う。チームで動いているし、やっている仕事も違う。定量的な評価だけでなく、定性的な視点も加味していかなければいけないと考えている。どのくらいの割合をＭＢＯにするか、定量評価にするか、職種ごとに出している。

「業務管理に関しても、社員一律の管理はやめて、できる限り現場の仕事内容に沿ったアナログなものに変えています。現場では、勝つことよりも、プロセスが大事ですから」

澤田は加盟店訪問に行くと、オーナーとじっくり話をする。あるとき、こんなことがあった。オーナーが離婚してしまった。精神的な落ち込みも大きく、もう店舗は運営できないと覚悟していたという。そんなとき、そうはいっても人生は長い、と励ましたのが担当のスーパーバイザーだった。

「毎日のように通い、顔を出した。どうしても行けないときには、電話で励ました。オーナーさんは、それに救われたと言われていました。いまは立派な経営者になられています」

澤田はスーパーバイザーを心から褒めた。「ありがとう」とお礼をした。上司にも伝えた。大勢の社員がいる場でも、褒め称えた。

「こういう努力というのは、なかなか表に出てこないじゃないですか。でも、大きな信頼を築いていたりする。きちんと評価してあげないといけないんです。こういう姿勢が評価される会社なんだということを、リーダーが伝えていくことが大切なんだと思っています」

澤田が考えているのは、ファミリーマートが、健全に激しく競い合う組織に生まれ変わることだ。

「人は競うことによってこそ、自ら成長するんです。誰かに成長させられるものではないんです。そこから、リーダーは生まれてくる。リーダーは、育てられるものではないんです」

金一封なんて、ありえない

澤田は、社長就任後にさまざまな制度を変えている。その指標にしたのが、正しいことをする、だった。評価は大事、昇進も公平な実力主義をうたうが、安易な報奨は取り入れない。たとえば、スーパーバイザーには社内アワードがあり、優秀なスーパーバイザーは表彰されるが、金一封は出ない。

「従前からあったスーパーバイザーのアワードは継続しようと言いました。でも、報奨金はつけるなとも言いました。ニンジンはぶら下げるな、と」

報奨金は絶対につけない。それが澤田のポリシーだった。

「仕事の評価は、評価制度でなされるものなんですよ。ＭＢＯしかり、定量評価、定性評価しかり。評価されたら、給料は上がる。そして、アワードは名誉がもらえる。金一封なんて、ありえない」

セールス系の職種では、報奨制度を多くの会社が採用している。目標をクリアすれば金一封が出る会社は少なくない。

「僕は絶対につけないです。僕自身、過去に間違ったことがあるんです。それは、ギスギスす

るということです。ものすごく、いやらしい会社になる」

アワードは、あくまでみんなから称賛されるのがうれしい場にすべきだと言うのだ。

「お金じゃないんですよ、本質は。お金を目当てにする会社にしたら、おかしくなってしまう。もちろん、そうじゃない業界や職種もあるのかもしれませんが、僕たちは誰のおかげで仕事ができているのかというと、加盟店さんのおかげなんです」

信頼関係をつくり、一緒に汗をかいて頑張っているのだ。

「そこにお金をぶら下げて評価するのは、加盟店さんに対しても失礼な話だと思う」

そもそも、数字だけでの判断の危うさを澤田はよく理解している。たまたま競合店が撤退したためかもしれない。強いライバル店ができて、食い合ってしまったのかもしれない。それは経営の問題であって、スーパーバイザーがコントロールできることではない。

「なのに、オレがやったぞ、みたいなことを言っている人間が報奨金をもらったり、昇進するような組織だったら、おかしいでしょう」

このアワードは、約２５００人のスーパーバイザーのうち、全国のブロックごとに表彰されるという。若手のスーパーバイザーにとっては、いまでは憧れの存在になっている。

これだけではない。既存の報奨金の仕組みも、澤田は廃止した。過去、店舗の拡大が最重要課題だったからだろう。店舗開発の担当者に、店を出すごとに報奨金が出ていたのだ。

「店舗開発の担当者にとっては、店舗を開発するのは仕事なんですよ。なのにどうして、報奨金が出るのか。ある部署にはニンジンがあり、ある部署にはニンジンがない。そういうことをやると会社はおかしくなる」

目の前にニンジンをぶら下げなければ、果たして仕事ができないのか。

「会社に、ニンジンは必要ないんです。それは、仕事に対する評価で報いたらいいだけの話です。過去は報奨金が出たのかもしれませんし、それを批判してもしょうがないですが、いまはやらない。おかしいからです。それだけのことです」

他にもこうした話はまだある。しかし、これはどこの会社にでもある話なのかもしれない。会社というのは、よくよく考えてみると理不尽な制度が長く続いていたりするのだ。ファミリーマートでは、転勤者に対する家賃補助がそうだった。

「持ち家の人は転勤になると家賃の9割が負担されるんです。ところが、持ち家ではない人は5割。同じ転勤なんですよ。どうして差がつくのか。違和感、ないですか」

持ち家の人は大変なのではないか、ということから生まれた制度だったのかもしれない。しかし、持ち家といっても、親から譲ってもらったものかもしれない。安いときに買って、いまはものすごく高値になっているかもしれない。だいたい、どうして持ち家とそうでない人で、4割も違うのか。

「よくよく考えたら、おかしいわけですよ。不満を持っていた人も、きっといたと思う。でも、これも長くマニュアルになっていて、担当者は考えなくなっていったんだと思います。ルールを決めてがんじがらめにしたほうが、仕事はラクですから。仕事をしていないんです」

環境は刻々と変わる。それに対してしっかり目を向けないといけない。それをしないままにルールが続いていくと、大きな弊害を生んでいく。澤田はすぐに修正を命じた。もっといえば、転勤という制度そのものにメスを入れようとしている。転勤、そしてそれに伴う単身赴任というのは、本当に正しいことなのか。そこから考えている。

いまは地域に密着して、地域の人たちと地域に貢献する時代

澤田の徹底的な現場目線は、実は社員にも向いてきた。加盟店訪問で全国を回るとき、澤田は第一線で仕事をしているスーパーバイザーたちの声に直接、耳を傾けてきた。

「社長、こんなことがあります、あんなこともあります、って話がたくさん出てきます。聞いてあげる、なんてことじゃないんですよ。聞かないとわからないじゃないですか。わかりたいんですよ。わからないと、経営できないじゃないですか」

スーパーバイザーの仕事は、担当店舗を訪問し、状況を整理し、相談に乗って経営指導することだ。ところが、最近はそれとは違う仕事もたくさん降りかかっていたことを知った。

「すべて経営の責任ですよね。要するに大量出店を目指し、企業統合をし、ブランド転換をす

るための仕事まで、現場のスーパーバイザーたちは背負い込まされていたんです」

ファミリーマートの近くにあったサークルK・サンクスが、ファミリーマートにブランド転換することもある。これが統合の現実だ。近くにあった店舗が、どうして同じブランドになるんだ、と怒りの声が上がることだってあった。

「それをどうやって着地させるか。そんな仕事まで、スーパーバイザーに委ねてきた。これだけじゃないですよ。本社の都合で、本来の業務を圧迫するくらい、たくさんやらせてきたんですよ。現場を回ると、それがたくさん見えてきたんです」

出店を加速していくためには、早くスーパーバイザーを育てないといけない。そんな時代が長く続いた。

「それ自体を否定はしません。そういう時代だった。スーパーバイザーを即席栽培するしかなかった。でも、十分に教えていないし、育ててもいなかったんです」

そんななかで、管理という名目で、生産性を妨げるようなルールも次々に生まれていった。

「こんなことがありました。スーパーバイザーが車で移動する距離は長い。その間にスマートフォンに連絡が入ったりすると、脇見運転で事故の危険が高まる。それで、スマホの電源を切るか機内モードにして、バッグに入れて後ろのトランクにしまってから運転席に戻れ、というルールがつくられたわけです」

このルール自体、交通安全のためには有効なものだ。ところが、現場をしっかり見ていないルールは、現場を困らせることになる。

「話を聞いてびっくりしました。スマホはバッテリーがそうそう持たない。スーパーバイザーたちは移動中に車のソケットから充電をしていたんです。ところが、トランクに入れたら、それができない。聞けば、支給されてからかなりの年月が経っている。しかも、使用頻度も高いので、バッテリーがすぐになくなってしまう」

澤田はすぐにスーパーバイザーのスマホの買い替えを指示した。

「現場が見えていないと、こういうことが起こるんです。本部が一番、見えていないんです」

一方で、「ルールがおかしい」と思ったら、現場の社員自身が声をあげていかなければならないことも口酸っぱく言い続けている。

「こういうことを言える空気がなかったんでしょう。それも変えていかないといけない」

スーパーバイザーについては、澤田は思いきったことを考えている。車での移動距離を調べてみると、なんと月に5000キロも走っている社員がいた。ちょっとしたタクシードライバー並みである。

「運転するのが仕事じゃないんですよ。コンサルテーションが仕事なんです。それによって、加盟店さんの経営を指導しないといけない。これは明らかにおかしい。社員にも無理を強いることになる。ところが、社員もそれを当たり前だと思ってきた。そこが怖いところなんです。こういう思い込みをぶっ壊さないといけない」

澤田の構想は、スーパーバイザーの住む場所を移動してしまうことだ。担当エリアの真ん中に住んで、できるだけ直行直帰を可能にする。場合によっては、駐在する。現場をバックアップする人事体制の整備だ。

すでに、熊本県の天草、兵庫県の淡路島、青森県の大間では、スーパーバイザーが駐在するようになった。周辺都市から車を長時間運転して行き来するのではなく、すぐ近くに住んでしまうのだ。

淡路島では、６名の社員が島に住み込んでいる。それまではスーパーバイザーは神戸から高速道路を使用して淡路島へ通っていたが、物理的な距離だけでなく、島独特ともいえる地元愛といった心理的な距離を感じていたスーパーバイザーもいたという。

そこで澤田の号令で２０１９年の春に発足したのが「淡路島プロジェクト」だ。

「淡路島で愛されるチェーンになるためには、本部のスーパーバイザーも淡路島に暮らして地元を知り、そして加盟店さんと一体となって淡路島の人のための店舗をつくっていくしかないと思ったんです」

結果は自ずと出た。スーパーバイザーの運転時間は5割減り、店舗にいる時間は8割伸びた。コミュニケーションを深めた結果、加盟店の利益や客数も徐々に伸びてきている。

島民同士のコミュニティの力は絶大だ。オーナーや常連客をたどると、さまざまな人脈につながる。また、自分たちも島に住んでいることから、その後の交渉もしやすいという。住むからこそできる取り組みの第一歩を踏み出したのだ。

「僕も激励に現地に行きましたが、プロジェクトのメンバーは非常によくやってくれています。オーナーさんもスタッフさんも、淡路島出身者がほとんど。島のことをすごく愛している。だからこそ、もっとよくしたいという思いに、これまで追いつけていなかった。メンバーはオーナーさんと一緒に釣りに行って魚をさばいたりと、ずっぽりと地域に入り込んでやっています。近道なんてないんです」

そして、幹部を除いて、できるだけ転勤を減らす。家族で暮らしてもらう。

「そのほうが健全だし、うまくいくと思っているんです。実際、沖縄のファミリーマートは、従業員がほぼ沖縄県の出身です。地域密着で取り組みを進めている。ファミリーマートの平均日商が約53万円なのに対して、沖縄では約65万円なんです」

沖縄を見習おうと、九州と東北で、すでにリージョン制を採用し、権限委譲を進める体制をつくっている。

「大量出店して、社員をあっちへ、こっちへ、というのが、ファミリーマートの文化だったんです。それはかつては必要なことだった。でも、時代は変わったんです。いまは地域に密着して、地域のことを理解して、地域の人たちと地域に貢献する時代なんです」

そう考えたら、理想的なのは、職住近接なのだ。移動距離を縮めて、時間をつくる。

「やるべきことをはっきりさせたら、あとは責任者に委ねる。責任者はやるかどうかが問われる」

できなければ、責任者が責任を取るしかない。

「本音で会社のためによかれと思うことを議論していく。そういう土壌をつくることが、とても大事なんです。そういう本音が言えなくなってしまうのが、最もいけないんです」

澤田の社長就任以来、社内の空気は大きく変わった。

第6章

【未来をつくる】
地域とともに働く、生きる

CREATE THE FUTURE

一番大事なことは、加盟店が利益を出すこと

コンビニをめぐってはいま、本部の姿勢について厳しい声が寄せられるようになっている。店舗が増え、過当競争が始まっているのだ。

「地域に集中して出店するドミナント戦略も、成長期には大きな成功要因でした。ただ、２０１０年代に突入して、店舗が増えて過当競争になったのは事実だと思います」

これが直営店なら、百貨店や総合スーパーがそうだったように淘汰、統合を繰り返すことになるが、コンビニは直営ではなくＦＣモデルなのである。

「いま起きているのは、そのしわ寄せを加盟店さんが受けてしまっている、ということだと思うんです」

加盟店オーナーと直接やりとりも行い、加盟店向けにフリーコメントもできるアンケートをとっているのが、ファミリーマートである。厳しい意見も、すでに澤田の耳にはしっかり入っ

ている。

「これからは、本部主導でチェーンの方針を決める時代は終わりです。ゲームチェンジをしないといけない。ファミリーマートは、これまでも加盟店さんに配慮してきたつもりですが、まったく足りなかったと言わざるをえないということです。厳しい声が出ていることを受け止めて、大反省しないといけない」

２０１９年6月からは、さらに一歩踏み込んだ取り組みを始めた。加盟店オーナーと直接、コミュニケーションを交わす「Family座談会」をスタートさせたのだ。

しかも、単に直接、コミュニケーションを交わすわけではない。バイアスがかからない意見が聞きたい、と澤田との直接コミュニケーションを希望する加盟店オーナーを募り、全国のブロックごとに約6店舗をくじ引きで選んで、澤田自らが話を聞くというのである。

「毎月1回、昼食を取りながら1時間半。役員も1人参加してオーナーさんから忌憚のない意見を聞いています。もうすでに2回、行っています。正直、何が出てくるかわかりませんから、怖さもありますよ。でも、それが事実ですから。ちゃんとお話をお聞きして、解決への道筋をつくっていかないといけない」

すでに実施してわかったことは、加盟店からの要望が本部まで上がっているのに取り組みが遅々として進んでいないものがあったことだ。澤田は本部を叱り、現場のリーダーシップを叱ったという。

24時間運営が本当に必要なのか、人手不足があらゆる業界で広がるなかで、加盟店オーナーに大きな負担がかかっているのではないか……。こんな声もこれまでに上がっていた。

これも澤田は指摘を真正面から受け入れている。コンビニの24時間営業のあり方を見直すことも必要だという見解は、実は社長に就任する前から発言していたからである。澤田が言っていたことが、いまになって騒がれはじめた、ともいえる。

そんななか、２０１９年７月下旬に澤田は衝撃的な発表をした。全国のオーナーへのアンケートで、営業時間の24時間からの短縮を「検討したい」という回答が、半分にあたる約７０００店にのぼったと明らかにしたのだ。

「人手不足や地方の過疎化などが問題になっていくなかで、時代の現実に合わせていくためには、24時間営業を問題として把握しなければいけないと思っていました。もうこれは、隠せないことなんです。さらに最低賃金の上昇も、加盟店さんの経営を直撃します。コンビニも、時代の変化に合わせたオペレーションを考えなければいけません。それをやらないと、現場が疲

弊することは目に見えています」

澤田が強く意識しているのは、現実を見つめることだ。いろんなことを隠してはいけない。間違いのない事実を見つめないといけない。

こうして出した澤田の結論が、加盟店は本部の同意なしに時短営業ができるという衝撃的な方針だった。コンビニでは、間違いなく初めての方針だろう。

「時短営業の実験では、時短をしても、人件費負担の減少によって、オーナーの手取り収入が増加したケースがありました。24時間モデルは、とても優れたモデルだと思います。しかし、コストを見れば人件費が最も大きいんです。ケースによっては利益が上がる。加盟店さんの立場に立って考えなければいけない」

時短は、深夜営業をしない毎日時短と日曜日など週1日を休みにする週1時短が選択できる。いずれも、コンビニの統一オペレーションからは外れてくる。物流のトラックが、いつも同じ店に同じルートで回る、とはいかなくなるのだ。

「いろんな課題が出てきています。それに対処していくのは大変です。効率も落ちますが、そ

れでも耐えられるシステムをつくればいい。今、多くの社員がさまざまなシミュレーションをしてくれています。本当によくやってくれている。私が思うのは、ワンパターンの画一的なオペレーションをすることは、これからの時代には本当に危険だということです。いかにニーズに合わせて柔軟に対応できるか。それを実現できる組織をつくらないといけない」

一方で、24時間営業を続ける加盟店に対しては、24時間営業分担金として月額10万円を12万円に増額した。週１時短営業店舗も日割り計算で支給される。そのための費用は総額約30億円にものぼる。

また、複数店を経営する場合、店舗数に応じて出される奨励金を増額。この総額は年約60億円。さらに、売れ残って廃棄する食品のコストの本部負担分の増額と、フードロス削減のインセンティブに約20億円。３つ合わせて、実に１１０億円規模の加盟店支援制度拡充に挑んだ。

もともとファミリーマートでは、２０１８年度から年６５０億円を既存店投資に振り向けてきた。これをさらに強化するのだ。

「セルフレジや省力化機器の導入を拡大するなど、人手不足への対応や店舗運営の効率化につながる取り組みにも注力していきます」

こうした加盟店支援に連なってくるのが、本部の構造改革だった。２０１９年から本部社員の人事評価で、売上げなどの定量評価の割合を7割から3割に減らし、加盟店側の評価を3割から7割へと増やしていたが、チェーン全体の競争力をさらに高めていくため、組織のスリム化、業務効率化を徹底することは、ますます厳しくなる競争に勝ち抜くために避けて通れないものだった。

「統合でお店は３３００店も減っているんです。でも、人員はほとんど減っていない。ということは、生産性は落ちていたでしょう。加えて、これは日本の大企業の多くがそうですが、人口ピラミッドがいびつで40代、50代が多かった。統合後、組織を統廃合せざるを得ませんでしたから、そうなるとポストはなくなるわけです」

加えて、このままでは若い人材にいつまでもポストが与えられないことにもなりかねなかった。40代以上を対象として希望退職者の募集に踏み切った。

「ありがたいことにいまは、みんなが頑張って利益を上げてくれています。利益を上げているうちなら退職金も割増しして出せる。再就職に関しても責任を持って斡旋することができる」

ずっと拡大、拡大を繰り返してきた会社だった。しかも合併によって、人数もポストもどんどん増えていった。いずれ、やらなければいけなかったのだ。

「誰かがやらないといけなかったんです。できるタイミングで。誰だってやりたくないですよ。みんな会社が好きなんです。だから、ショックだったと思う。それでも経営陣で議論して、40代以上の人たちが手を挙げられるようなものをつくらないといけないと思ったんです」

２０２０年3月末で、１０２５人の退職が決まった。

この会社が生き残るためには、何が必要か

会社の変革に欠かせないのは、どんな会社をつくっていきたいか、というビジョンだと澤田は言う。澤田が目指すのは、販売する加盟店とそれを支える本部が、それぞれの領域で最大の力を発揮していくことだ。

「販売は、地域で最高に愛される店舗になる。その地域のことを誰よりも知っていて、誰よりも地域のお客さまに尽くせる。そんなお店です」

そのための組織改編にも挑んだ。全国を4つのエリアに分けたエリア本部を新設。権限を委譲し、より地域密着を実現させるため現場力のさらなる向上を目指している。販売にかかわるスーパーバイザーたちは、地域の拠点で地域に密着するのだ。

先にも少し触れたが、中途半端な転勤はなくし、できるだけ地元で勤務できるようにする。地域に暮らし、地域の店舗をこよなく愛し、地域に貢献する。言ってみれば、地域密着のスペシャリストだ。

「そうすることで、地域特性に沿った施策もやりやすくなります。とにかく一番大事なのは、店舗なんですよ。本部にはお客さまはお見えにならないんです。売上げは、店舗で立っているんです。これから、大量出店した時代の契約更新の時期がやってきます。もしかすると、既存店舗を直営で展開しなければいけなくなる可能性もある」

そうなれば、社員が店舗で働くことになる。だからこそ、店舗で働く社員のモチベーションをもっともっと上げていかなければいけないと考えている。

「現場で頑張っている人に、もっともっとメリットを与えるような人事制度にしないといけな

い。彼らに光が当たる。経済的な対価ももらえる。物心両面でやらないといけない。いくら言葉で言ったってダメです。会社がファクトとして出せるものにしていかないと」

一方、店舗を支える本部はビジネスの核をつくる役割を担う。使用されるＩＴや金融システム、マーチャンダイジング、調達、物流などをコントロールする。

「本社に求められるのは、組織全体がブレないためのシステムをつくることです。マーケティングやマーチャンダイジング、人材教育、財務戦略などは、やはり本社の人間が考える必要がある」

つまりは、経営にかかわる根幹だけを本社が担うということだ。

マーチャンダイジングなら、プロのマーチャンダイザーが担う。市場や為替を理解して最高の商品を調達したり、生産したりするプロがいる。物流費のコストダウンを手がけるプロがいて、デジタルプロモーションのプロがいる。最高のシステムを手がけるＩＴのプロがいて、財務のプロがいる。

「ものすごく優れた人材による、その道のプロの集団です。ものすごく優秀な人間がやるんで

す。めちゃくちゃ勉強してもらって、外からも専門性の高い人材に入ってもらってプロフェッショナルチームをつくる。ものすごく競争原理が働く組織です。そんなふうに、本社は変わっていくべきだと思うんです。もう中途半端な人材はいらなくなっていくということです。もやもやっとした会社は、うまくいかなくなる」

メーカー以上のメーカー機能を持ち、マーケティング会社以上のマーケティング機能を持ち、ＩＴ会社以上の情報インフラを持つ。本部は、そんな存在にしたいという。

「異常にレベルの高い組織ですよ。そうなれば、面白い会社になっていくと思う。おかげさまで毎日１５００万人の方がお買い物をしてくださっているというファクトがあるんです。ここで売り場も、コミュニケーションも、サービスも、なんかファミマよくなってきたね、レベルアップしたね、ということを積み重ねていけば、大きな変化が始まると思っています」

販売が地域密着のスペシャリストなら、こちらは政策のスペシャリスト。必要なのは、この二極だけになるという。

「それぞれのスペシャリストが互いを理解し、同じ方向に向かって力を発揮する。そういう組織でなければいけないし、そうなっていくだろうと思っています。いまは何とも中途半端なんです」

これまでは大量出店のために、大量採用をして、店長を経験させ、スーパーバイザーに仕立て上げてきた。店舗の拡大とともに、会社の都合でさまざまな場所に転勤させていった。そこから本部に向いていると考えられた社員に、本部での仕事が委ねられた。

「これまではそれでよかったのかもしれませんが、これからはもう、こんな中途半端な状況では太刀打ちできなくなると思っています。だから、プロの集団にする。そういう会社をつくれば、強い会社ができる。コンビニの中でダントツの会社になる」

社長になって1年ほど、本部はどうあるべきなのか、ずっと考えていたという。ぼんやりと思い始めたことは、やがて確信になった。ただ、現状は違う。そこにどう持っていくか。

「やっぱり結果を出す人間が求められるんです。ファミリーマートは、健全な競争環境のもとで、常に新陳代謝を図り、結果にコミットする人が正しく評価され続ける会社になるんです。そうなれば、従業員の満足度ももっと高まる」

澤田は世界の会社を見てきた。そこでどんなマーチャンダイジングの力、商品の力、マーケティングの力、物流の力が求められるか、体感してきた。もちろん現段階でも、優れた人材はいる。しかし、もっともっと努力しなければいけないと考えている。それは、ファミリーマートに限らず、日本の会社にすべて当てはまることだ、と。

「できる人間をバンバン抜擢して、その貢献に応じて給料を払い、成長ステージに応じてメンバーががらりと変わる。まさに私が以前お世話になったユニクロは、強烈にこれをやったわけです」

ユニクロにできることが、他でできないというのは、おかしいのではないか。澤田はそう考えている。すぐ目の前に、お手本はあるのである。

それにしても、なぜ地域密着と本部のレベルアップなのか。それを問うと、こんな答えが返ってきた。

「コンビニ云々というよりも、この会社が生き残るためにはどうすればいいのか。それを考えて出てきたのが、この2つだったんです。今のアセットを考えたら、生き残るために何が課題

で、何を強化しなければいけないか、これしか答えは出ない。ただ、言うのは簡単で、やるのは大変ですよ。あとはいかに実行していくか、です」

パナソニックが加盟店契約を結んだ実験無人店舗

コンビニでは、キャッシュレスをはじめとした次世代型店舗への注目が集まっている。アメリカでも、無人店舗が話題になり、日本ではスマホアプリでの決済が大きな盛り上がりを見せている。

だが、そんななかで澤田が2018年度に踏み切ったのは、現金を瞬時に数えられる現金カウンターの導入というむしろアナログな施策だった。

「これから世の中はキャッシュレスがどんどん広がっていく。それは間違いないでしょう。それに対応していくこともやっていきますが、だからといって現金がまったく使われないのかといえば、そんなことはないんです」

実際、多くの店舗で、いまは現金での決済のほうが多い。

「だから、小型の現金カウンターでした。お札でもコインでも、小さな機械の上に置くと、簡単に計算してくれる。何を載せても、はい、いくら、とすぐにわかるんです」

　もちろん、それなりの費用がかかるが、約９０００台ものスケールで格安で利用できる仕組みを導入したのだ。

「いまこの瞬間、お金を数えることが手間になっているという実態があるわけです。将来キャッシュレスになるといっても、いまこの瞬間のニーズは違います」

　現金カウンターの導入は、とても喜ばれたという。しかし、もちろん一方で、次世代型店舗への取り組みも独自に進めている。

　象徴的なニュースが流れたのは、２０１９年4月にオープンした、横浜・都筑区の「ファミリーマート佐江戸店」だ。

　この店舗は、なんと大手電機メーカーのパナソニックの関連会社が加盟店になり、ファミリーマートとFC契約を結んでいる。次世代型店舗の実現に向けた実証実験店舗なのだ。アメリカで無人店舗のアマゾン・ゴーが話題になるなか、次世代型店舗については澤田も研究したいと考えていたという。

パナソニックが加盟店として運営するファミリーマート佐江戸店は、顔認証システムなど次世代型店舗の技術を取り入れている。

「パナソニック コネクティッドソリューションズ社長の樋口泰行さんは、昔からの知り合いなんです。パナソニックも流通関連の事業でいろんなことをされていましたから、何か一緒にやりませんか、とお声がけしたんです」

ただ、一定期間、共同実験をする、といったことで終わらせないのが、澤田流だ。

「本当にやるなら、加盟店になってください、と樋口さんにお願いしました。自分たちも店舗運営にかかわっていかないと、靴の上から足を掻くようなことになりかねませんから。何が本当に正しいか。やるべきことは何か。本当に自分で手探りしないとわからないと思

ったんです」

メーカーと協働しての実証実験店舗は通常、特定の企業内で外部に公開することなく運営されたり、技術協力をするメーカーもあくまで技術供与だけにとどまって店舗運営には一切かかわらないケースが少なくない。

「今回は、いろいろな人が利用できる実際の店舗を一緒につくったんです。しかも、パナソニックさんの工場のすぐ隣ですから、何かあったら、すぐに工場に戻って実験することもできる」

この店舗は、天井にパナソニックの技術を用いたセンサーが組み込まれており、無人エリアは、顔認証でチェックインを行い、好きな商品を手にとってカウンターで登録し、再び顔認証をして退店することができる仕組みだ。

こうした顔認証決済や、商品の価格等を記載した札が店舗のマスターデータと連携して自動で変更される「電子棚札」、ウェアラブル端末を活用していま必要な業務をお知らせする業務アシストシステムなど、実証実験は多岐にわたる。

有人エリアでも、センサーを使った管理システムや業務アシストシステムが導入されている。

棚の監視によって欠品の検知を行っていくことも考えていくという。

「どんどんいろんな取り組みに挑んでほしいと思っています。そしてうまくいくのであれば、ファミリーマートの他の店舗に導入していく。しばらくファミリーマートとの協業を優先させてもらうことになりますが、それ以降は縛るつもりはありません」

リアルの買い物を、デジタルの力で便利なものに変える

未来を見据えた取り組みとしては、ＬＩＮＥと組んで推進しているＡＩを駆使した次世代型コンビニエンスストアのイメージ動画が話題になった。グーグルとも協業し、業務の効率化にＡＩ技術を使い、売上げ予測や出店地域分析などに活用している。

「過去のデータを大量に学習させた結果、どちらも既存のシステムに比べて、はるかに高い精度であることがわかりました。また商品発注も、発注の精度が向上しました。そう遠くない未来、ＡＩが勝手にオーダーする時代になっていくと思います」

だが、澤田はあくまで冷静だ。

　メディアでは、デジタル、ＩｏＴ、ＡＩなど、テクノロジー関連のキーワードがあふれている。これが時代のトレンドであることは間違いないが、澤田は経営者として自戒を込めて思うところがあるという。

「ふと立ち止まって考えてみると、加速度的に進むこのデジタル化は、お客さまを置き去りにしていないか、と思うんです」

　ネットでの買い物の割合は、実は物販系分野では６％程度に過ぎない。ＥＣ（電子商取引）は大変な勢いで伸びているが、多くの人の生活はまだ圧倒的にリアルの世界にあるのだ。日本の物販系分野のＥＣ市場規模は約９兆３０００億円。それを考えると、ファミリーマートの約３兆円というリアルのビジネスが、いかに大きなものかがわかる。

「このリアルでの買い物を、デジタルの力を使って圧倒的に便利なものに生まれ変わらせる。それこそが、ファミリーマートがやるべきことだと思っているんです」

　そして２０１９年７月には、独自のバーコード決済付きのアプリサービス「ファミペイ」を立ち上げた。クーポンもポイントも決済もワンストップでできるオールインワンアプリだ。買

2019年7月、独自のバーコード決済付きアプリサービス「ファミペイ」を立ち上げた。

い物内容をスマホで確認できる電子レシート機能のほか、将来的に、まとめ払いなど独自の決済機能を提供する予定だ。

「もちろん、ファミペイを選んでいただけるよう、全力で取り組んでいきますが、これによって他の企業のサービスがファミリーマートで使えないという理由にはなりません。とにかく広くあまねく、お客さまにとって一番便利なお店にしていきたい」

デジタル戦略でも、独自路線を歩む。

そして、２０２０年２月末には、ファミペイはわずか８カ月で５００万ダウンロードを突破した。数ある決済機能のあるアプリの中でも、リアルも持っていることがファミリーマートの大きな特色。どんなことができるか、さまざまに模索していくという。

加盟店に負担をかけず、働く人も喜ぶ新規事業

一方でファミリーマートをめぐっては、新規事業のニュースが流れた。話題になった、コインランドリー「Famima Laundry」もそのひとつだ。ファミリーマートが主体になって、コインランドリーをスタートさせたのだ。

「ファミリーマートの店舗とコインランドリーの一体型店舗です。ほとんど無人での運営を目指しています。スマホで洗濯の進み具合が確認できたり、遠隔操作ができたりする」

もちろん社会的なニーズがあっての事業だが、そればかりではない。ファミリーマートの店舗との相乗効果を狙っての新規事業なのだ。

コインランドリーは、待ち時間などにコンビニで買い物をしてもらったり、イートインで食事をしてもらうことも期待できる。

「コンビニは、雨の日に売上げが下がる傾向があります。それとは逆に、コインランドリーは

雨の日こそ強い。雨の日にコインランドリーに洗濯に行って洗濯・乾燥をしてもらうことで、買い物をしてもらえる機会を増やせると考えています」

そしてポイントは、セルフ化が進んでおり、運営に手間がかからない、ということだ。

「ファミリーマートに一人でも多くのお客さまに来店してもらいたいんです。ただし、加盟店さんには負担はかけたくない。では、どうすればいいのか、ということで考えていったのが、例えばコインランドリーだったわけです。しかもお客さまには、待ち時間などに買い物も楽しんでもらう機会を提供できる」

さらに、お店で働くスタッフの福利厚生としても使える。

「お子さんがいるご家庭で1日に何回も洗濯機を回す方がいらっしゃれば、コインランドリーで洗濯している2時間くらいの間に、すぐ横にあるファミリーマートで働いてもらうこともできる。たとえば、割引券を出してスタッフは安く利用できるようにしています」

ファミリーマートで働こうと思ってもらえる環境をつくる。きっかけを動機をつくっていく。

「これもまた相乗効果です。加盟店さんに負荷がかからず、働いている人もベネフィットが感じられる。そういうものをどんどん考えていこう、と思っています」

世界的な民泊サービス企業のAirbnbと業務提携したのも、送客につながるという理由だ。民泊のカギの受け渡しサービスをスタートさせた。

「キーボックスがあって、鍵を取りに来て、また戻しに来る。その窓口になったわけですが、宿泊に来ているわけですから当然、いろいろなものが必要になるわけです。飲み物だったり、食べ物だったり。そうすると、鍵を受け取るついでに買っていく、というのは、自然な流れです。いろんなものを買ってもらえる機会になる」

また、鍵を返却するときに、荷物を発送することも多いという。それも、ファミリーマート店舗で可能になるのだ。

Airbnbは澤田が来る前から交渉が進んでいたというが、矢継ぎ早の提携には驚かされる。

「幸いなことに、リヴァンプ時代にものすごい数の企業を見てきました。いろんな業界にも携わってきた。コインランドリーも急成長していたんです。コンビニとの併設は大きな利点になると思っていました」

他にも構想はいろいろあるという。

「ただ、僕が勝手にこれをやりたい、ということではなくて、あくまで加盟店さんに送客ができて、加盟店さんで働く人たちにとってベネフィットになる、三方よしにこだわりたいんです。絶対にやりたくないのは、流通グループとして売上げが取れるからと、直営の小売りビジネスを展開することです」

それは加盟店とバッティングするからだ。

「加盟店さんにデメリットを与えることは、絶対にやりません。会社の数字のためだけにビジネスをすることは、僕は絶対に嫌なんです」

澤田の加盟店第一主義は、新規事業でも貫かれている。

まだまだ利益を生み出すチャンスはある

飽和や成熟といった言葉がささやかれるコンビニだが、澤田は未来に高いポテンシャルが、まだまだあると見ている。

「言ってみれば、スーパーの小型版、ご近所版という位置づけで始まったコンビニですが、いまではサービスは大きく広がっています。物販にとどまらず、プレイガイド、銀行のATM機能、宅配サービス……」

それが、これからどんどん広がっていくと見る。

「キャッシュレス化が進むことで、サービスも拡大していくでしょう。販売するものも、どんどん変わっていっていい。それこそ、もしかしたら自動車を購入できたり、不動産の取引ができたりするかもしれない」

もちろん現時点で、どうやって加盟店の売上げや利益を上げていくか、ということについても頭をめぐらせている。目の前で大きな注目をしているのが、金融領域でのサービスだ。

「ファミリーマートは全体で3兆円の売上げがあるわけですが、実は同じスケールで電気やガス、水道や税金などの代行支払いの窓口になっているんです」

いわゆる公共料金などの代行支払いが、ファミリーマートだけで、なんと年間3兆5000億円にも及ぶというのだ。

「たとえば、なかには一括で払う場合と、分割して払う場合で、総支払額にけっこう差が出てくるものがあるんです。まとめて払えば安い。ただ、大きな額になりますから、総額では高くなるとわかっていても、分割で払っている人も少なくありません」

言ってみれば、分割の場合は金利が上乗せされていると考えればわかりやすい。まとめて払うものを、分割ローンにして支払っているようなものだ。ならば、もともと決まっているそのローン金利よりも、ファミリーマートなら安くおトクに支払えるとなればどうなるか。

「ファミリーマートがまとめて払って、お客さまには店舗に分割払いしていただく。もともと

の分割で支払うよりも、ファミリーマートの分割払いを使うほうが安くなれば、お客さまにメリットが生まれる」

　一括で払ったほうがいいのはわかっているけれど、分割で払いたいという人には、大きな魅力になる。しかも、公共料金の支払いは兆単位の取引になっている。その一部だけでも、こうしたクレジット機能が店舗の利益につながるとすれば、これは大きい。

「また、ファミリーマートには年間累計で55億人ものお客さまが来店されて、買い物をしているわけです。それを、もちろん匿名性は担保したうえでデータ化すれば、商品の開発側にとっては、とても貴重な情報になる」

　ただし、データを売ろうなどという話ではない。たとえば、すでに大きな取引のあるメーカーに商品開発に活かしてもらい、仕入れ値を考慮してもらう。

「こういう利益も、加盟店さんとシェアすることができる。仕入れ値で調整して、利益率を上げて、それを分配していくという方法だってあるわけです」

新しい利益の捻出方法だ。

「ファミリーマートのアプリ、ファミペイにしても、ダウンロード数がどんどん増えていけば、1つのメディアになります。もとより、とんでもないリアルの来店数がある。大きなポテンシャルがあると思っています。そうなれば、広告宣伝の場として、使ってもらうことができる。ここでもまた、加盟店さんとシェアできる利益を生み出せる。いまあるバリューを、どうマネタイズするか、どんどん考えていきたい」

未来につながらないものは、すべて引き算すべき

一方で、澤田はポテンシャルがないと見たものは、容赦なく撤収している。

ファミリーマートとサークルK・サンクスが統合し、最終的に5003店舗の看板が変わった。だが、実は同時に約3300店舗が閉じられているのである。

「生産性が低い仕事をやめる。未来につながらない仕事をやらない。これは、大きな方針でしたが、店舗展開についても同じでした。誰がどう頑張っても改善が難しい不採算店舗をピックアップして、約3300店をクローズしました」

マニュアルがどんどん足し算されていた話はすでに書いたが、それは店舗も同じだった。ここでも〝引き算〟ができていなかったのだ。

「足し算はとにかくラクなんですよ。だから、どうしても足し算してしまう。でも、未来につながらないものは、すべて引き算すべきなんです。マニュアルも、店舗も同じです」

実際には、加盟店も厳しい店舗の運営を好んでやっていたとは思えない。厳しくても、それが自分たちの収益になるからだ。上がらないなら閉じてしまったほうがいい。

「もちろん、丁寧に話をしていく必要はありました。それにしても、５００３店のブランド転換をして、約３３００店を閉じたということは、約８３００もの店舗を一気に変えたことになる。振り返れば、とんでもないことだと思います。改めて、この仕事を担ってくれた社員は、本当によくやってくれたと思っています」

澤田は２０１６年に社長に就任したときから、マーケットを極めてシビアに見ていた。当時のインタビューで、すでにコンビニは飽和していると語っていた。いまになって他のコンビニチェーンも出店を抑制するようになったが、澤田はずっと飽和していると訴えてきたのだ。

「日本は2000年を境に、小売業の生産性が一気に落ちたんです。消費に対して売り場がどんどん拡大していったからです。となれば、生産性が落ちるのは、当然のことでした」

まずは百貨店から、その影響は始まった。百貨店の業績が悪化していったのだ。次にGMSと呼ばれる総合スーパーに向かい、次は小さなコンビニにまでやってきた。

「だから、閉店は大事な判断だと思っていました。大事なのは、加盟店の利益なんです。うまくいかない店を抱えているのは、その事業にかかわるすべての人にとってもストレスになる。未来がない案件であれば、それは断ち切らないといけない」

澤田は海外事業も未来につながらない仕事かどうかで考えている。アジアを中心にグローバル化を推し進めてきたファミリーマートだったが、うまくいかない地域ではビジネススキームの変更を決断したのだ。

「うまくいかないときこそ、経営者の決断は、極めて重要です。経営者は決めないといけない。

僕は、ありえないと思ったから、やめる決断をした。もちろん、会社のなかでしかるべき手順で議論して、コンセンサスを得ました」

ブランド統合を進めているなかでは、優先順位は、あくまで日本なのだ。

「日本はGDPが５００兆円もある国なんですよ。小売りのマーケットは１４０兆円。僕たちは、年間55億人の来店者がいるのに、売上げは3兆円でしかない。それこそアパレルをはじめ、他の事業だってできるかもしれない。ものすごいポテンシャルだと思っているんです」

２０１９年９月１日、新しい基本理念の誕生

新しいファミリーマートをつくっていくために、澤田が取り組みを進めてきたことが、２０１９年９月１日に結実した。新たな基本理念を打ち立て、発表したのだ。

「ファミリーマートは、統合を繰り返してきた会社です。いろんな理念を持つ会社がくっついてきたなかで、理念も足し算されてきた。メッセージがてんこもりになっていたんです。２０１９年９月１日にユニー・ファミリーマートホールディングスとファミリーマートが一緒にな

って、One FamilyMartになるので、新しいミッションをもう一度、シンプルにまとめていこうと考えていたんです」

新しいミッションづくりのために、コーポレートブランドグループという名の新しい組織を立ち上げ、外部のコンサルティング会社も入れて、約1年かけて取り組みを進めてきた。こうして生まれたのが、新しい基本理念だ。

「企業において理念というのは、ものすごく大事なものなんです。ユニクロでも柳井さんと侃々諤々の議論をしてつくり上げました。リヴァンプのときも、とにかく徹底的に考えて、『企業を芯から元気にする』という理念をつくりました。いまは２００人以上の規模になっていますが、みんながそのビジョンを信じてやっている。やっぱり立ち戻るところがないと、会社はおかしくなっていってしまうんです」

ファミリーマートをめぐっては、プロモーションやキャンペーンなどもあって、いろいろなキャッチフレーズや行動指針が用いられてきた。

「いろいろあると、社員は戸惑うんですよ。こういう環境で、心地よく仕事ができるのかな、

とずっと疑問に感じていた。やはりしっかり整理をしないといけない、と」

だが、ファミリーマートの場合は、ビジネスにかかわるのは社員だけでない。加盟店も深くかかわってくるのだ。

改定された基本理念の当初案では、すべての要素を本部も加盟店も共有することになっていた。だが澤田は、そのことに強く違和感を感じたという。

「それぞれの加盟店さんには、個店ごとの経営方針が実はあるんですね。だから強く意識しないといけないと思ったのは、チェーン全体として加盟店さんと本部が共通して目指すべきことと、各個店の経営方針は分けて考えて、間違っても自分たちがつくったミッションを加盟店さんに押しつけてはいけないということです。それはやはり違うと思うからです」

改定された基本理念では、この考えを取り入れた。チェーン全体で目指すべきこととして「コーポレートメッセージ」と「私たちが大切にする3つのこと」を掲げ、加盟店それぞれの経営方針はしっかりリスペクトしたうえで、自分たち本部社員がコミットすべきものを「社員の約束」としたのだ。

「ファミリーマートの社員がコミットできることをミッションにしないといけないんです。それを強く指示しました。加盟店さんがそれに共感いただくのはかまわないのですが、押しつけになってしまうとおかしなことになりかねない。」

一方、１９８９年に生まれた「あなたと、コンビに、ファミリーマート」のコーポレートメッセージは残した。ファミリーマートにとって欠かすことのできないメッセージだからだ。テレビＣＭでもお馴染みのメロディは、小林亜星の作曲によるものだという。

「これはとても印象的で、社内でも、社外でも圧倒的な認知率を誇っていますから」

新しいミッションは、朝礼で唱和したり、カードにして社員に配ったり、といったよくありがちなことはやらないという。

「ビデオメッセージで社員に発信します。商品展示会などで加盟店さんにも発信していきます。経営トップとして伝える努力をしないと浸透していかないものだからです。だから、あらゆる機会で口にしていきます。でも、強制されるものではないんです。唱和やカードも、あまり好きではない。ミッションというのは、一人ひとりの心にあるものだと思うんです」

単に記憶していればいい、というものではないのだ。

「僕らが絶対に忘れてはいけないのは、加盟店さんが物心両面で幸せになることです。やっぱりファミリーマートに参加してよかったという会社をつくりたい。そして、あたたかい会社をつくりたいんです」

ファミリーマートは「日本の家族」になる

そしてコンビニは、単なる流通の拠点にとどまらない、というのが澤田の発想だ。実際、人口が少ないエリアでは、コンビニの照明が夜間に点灯していることで、防犯の役割を果たしているケースも多い。

「テクノロジーのさらなる進化によって、インターネットにつながる端末が1つあれば、いろんなサービスが行えるようになっていくでしょう。ただ、コンビニの重要な役割というのは、もっと先にあると僕は考えているんです」

今後、日本の人口は減少していくことになる。一方で、未婚率は上昇していて単身者世帯が増えている。配偶者に先立たれての、ひとり暮らし世帯も増える。

「高齢化社会がどんどん加速していくなかで、コンビニはその地域の高齢者や単身者の生活をもっともっと支える役割も果たしていくことになるはずです。それが担える存在になることができると思うんです。たとえば、端末機の操作を代わりにする。ジュースを販売したら、ペットボトルを開ける。家の照明が切れてしまったら、電球を売るだけではなく、交換までお手伝いする」

それこそ、いつも来店する高齢者の姿が見えなくなったら、異変にも気づける。

「ご自宅に様子を見に行くこともできるかもしれない。さらに近隣の治安にも貢献できるかもしれない。大切な加盟店さんとともに、そういう地域の中心的存在になっていきたいと、僕は考えているんです」

デジタル化が進み、便利になればなっていくほど、むしろアナログのサービスが問われてくる可能性は高い。

「テクノロジーの進歩がもたらしてくれるものは、どの会社でも得ることができます。だから、AIなどを駆使して店舗の業務を徹底的に効率化する必要はあります。しかし、そのうえで大切になってくるのは、店舗のスタッフさんによる、人間にしかできない血の通ったサービスだと思っているんです」

物心両面で地域に幸せをもたらすコンビニ、その土地になくてはならないコンビニこそが、求められていると澤田は考えている。「地域密着」というキーワードはすでに書いたが、澤田が語るのは、「地域超密着」「地域異常密着」の存在になることなのだ。

「ファミリーマートは全都道府県に出店しています。都心にもあれば過疎地にもある。それぞれの地域で、赤ちゃんからお年寄りの方までご来店いただいている。だから、もっともっと地域に寄り添い、その地域をもっともっと幸せにしたいんです。地域社会に貢献するチェーンになりたいんです」

たとえば、こんなことがあった。駐車場のない小さな店舗が都内にあった。あるとき、その向かいに駐車場付きの競合チェーンが出店してきた。当然、売上げは減少、店長は落ち込み、ついにあきらめの言葉を語ったという。

「長い間この店を経営してきたけれど、もうこれ以上できない。店を閉めたい、と」

そのときに店長を支えたのが、担当のスーパーバイザーだった。毎日店舗に通って店長を励まし、対抗策を一緒に考えた。駐車場もなく、ハード面では圧倒的に不利だった。

「そこで、店長は自分の強みである地域密着を貫いたんです。子どもたちがメダカを見たいと言ったら、自分でメダカを捕まえに出かけて、店頭の水槽に入れて子どもたちに見せてあげた。お花見や夏祭りなどの地域のイベントにも積極的に協力した。地域の人たちを愛して地域に貢献していったんです」

次第に、一度離れた来店客が戻ってきたのだという。

「12年後、向かいの競合店が撤退しました。ファミリーマートは、ヤドカリのように、その跡地に移転していま、売上げは倍増しています」

地域のことは、そこで生まれ育った店長やストアスタッフが一番よく知っていると澤田は語る。全国一律の品揃えやオペレーションではなく、地域をよく知る人たちが、地域の人々に愛される店舗づくりをすることが、最大の差別化になると強調するのは、そのためだ。

一方で本部が主導しての、従来にはなかった、新しい取り組みも進んでいる。「ファミマこども食堂」もその1つだ。

「地域のNPOの方たちが実施している『子ども食堂』の報道がきっかけでした。お父さんお母さんが仕事に出ていて、一人でご飯を食べる子どもたちが増えている。そんな子どもを集めて、みんなでご飯を食べる場をつくっている。素晴らしい取り組みだと思ったんです」

ところがテレビでは、子ども食堂を実施できるスペースがない、という悩みを主催者が語っていた。

「ファミリーマートは全国に店舗があります。地域に密着している加盟店さんがおられる。地域に密着しているスーパーバイザーがいる。イートインスペースを活用するなどして貢献できないか、と考えたんです。ありがたいことに、たくさんの人が応援したいと言ってくださっています」

日本の社会に貢献できる大きなポテンシャルがあるのだ。

「そのために加盟店さんができることを、全力で支援していきたい。ファミリーマートがあってよかった。ファミリーマートで働けてよかったと多くの人に感謝される。そういう会社をつくれたら、本当に幸せだと思うんです」

すでに全国に１万６５００店があり、年間約55億人もの人が訪れ、20万人もの人が働いているのが、ファミリーマートなのだ。

「そして、小売業は現場のやる気で動くんですよ。大きく変わるんです。それこそが、小売業の大きな醍醐味なんです。お客さまが幸せになり、店舗で働く人も幸せになれるんです」

経営を委ねられた会社がファミリーマートという名前だったことに、澤田は心から感謝している。

「家族の店、という名前なんですよ。地域密着で生きていこうというときに、これほどわかりやすい名前はない。コンビニのなかで、こんなにポテンシャルを持っている名前はないと僕は思っています。ファミリーマートは、『日本の家族』になるんです」

もっと地域に近づく。
もっと加盟店と一緒に仕事をする。
もっとお客さまに近づく。

これこそが、新生ファミリーマートが描いている未来なのだ。

おわりに

出張で全国を飛び回り、東京の本社にいるときも、一日中びっしりとスケジュールが埋まっている。そんななかで毎回2時間近い時間を何度も本書のインタビューで使わせてもらうことには、実は本当に恐縮した。そもそもこんな長時間のインタビュー枠は、なかなかとれないと秘書の方にもお聞きした。

だが、そんななかでも、澤田は丁寧でエネルギッシュでアグレッシブだった。疲れた顔など、まったく見せることはなかった（午後のインタビューのときに栄養ドリンクを勧められて、一緒に飲んだことが一度あったが）。質問にも真剣に耳を傾け、思いの丈を語ってくれた。常に豊かな表情で、時折ブラックジョークなどもはさみながら。

折しも本書の制作途中で、新型コロナウイルス問題が起こった。こうした場合には、経営者はどう対処すべきなのか。取材で、なんとも澤田らしい返答をもらった。

「もちろんＢＣＰ（事業継続計画）に基づいて、すべて備えていますが、それ以外は奇をてらったことはするべきではないと思っています。お店で対策コーナーをつくったり、本部として派手なことを打ち上げたりしない。結果として加盟店さんや社員に迷惑をかけてしまいかねないからです。それよりも、できること、すべきことを粛々とやる。それが大事だと思っています」

澤田の目は、常にいろいろなところに向いている。改革は目の前のことではあるけれど、その視線は同時にしっかりと未来にも向いている。しかも、極めて具体的に、だ。

10年後に売上高を10兆円にする、とは他のインタビューでも語られていたが、こんなことも語っていた。

「ファミリーマートで働くことが、地方に暮らす人たちの憧れになる」

私の時代もそうだったが、地方では銀行やエネルギー企業など、地元の有名企業で働くことが、地元出身者のステータスの１つだった。澤田が描くのは、ファミリーマートがそうした企業の１つになることだ。

地方の出身者には、住み慣れた地域での安定した生活を望んでいる人たちもたくさんいる。そうした人たちが、地元の学校を卒業したら、ファミリーマートで働くことが憧れになるようにしたい、というのである。そうすれば、優秀な人材も獲得できる。

地域密着戦略が推し進められ、コンビニが来店客を惹きつける、さまざまな業態と提携し、自動車や不動産、金融商品まで扱えるようなものに、もしなっていたとするならば、その可能性は大いにあるかもしれない。

10兆円という数字を考えてみても、澤田が描こうとしているのは、いまのコンビニの単なる延長線上ではない。澤田が20年前、まだ誰も手がけていないような小売業をやってみたい、と言っていたように、びっくりするような業態が飛び出してくるかもしれない。

澤田には、３人のお孫さんがいるそうだが、こんなことも語っていた。

「孫が成人したとき、ファミリーマートってクールだよね、ファミリーマートで働きたい、と言ってくれるような、そんな会社をつくりたい」

さまざまな課題もある。高いハードルもある。

しかし、澤田の根底を貫いてきたのは、「逃げない」スピリットだ。

その職業人生はまさに「挑戦者」ともいえるものだった。

伊藤忠商事では、社長に直訴の手紙まで書いた。柳井正という経営者とともにユニクロを全国区にし、アメリカの巨大資本と組んで日本最大級のスーパー再建に挑もうとした。さらに自ら起業し、過去になかった業態に取り組んだ。

そしてコンビニという日本の社会を支える企業体、20万人を擁する巨大ビジネスの変革にいままた、挑んでいる。どうしても小売業をやりたい、と伊藤忠を離れてから20年。歳月の分だけ、「天命」への思いは深い。

そんな澤田の挑戦者スピリットは、いまやファミリーマートの社員はもちろん、全国の加盟店ネットワークにも広がってきている。

日本企業でいま、最も問われているのは、新たなチャレンジであり、イノベーションだ。そうでなければ、何も変わらない。何も動いていかない。新しい世界は生まれない。

そんななか、社長はもちろん、社員、さらには加盟店のオーナーや店舗のスタッフも、変革の「挑戦者」だと答えられる会社は、間違いなく強い。

挑戦者としてのファミリーマートが、これからどんなアクションを起こしていくのか。コンビニをどう変えていくのか。楽しみに見ていきたいと思う。

最後になったが、長時間のインタビューに応じてくださった澤田貴司社長、アテンドしてくださったファミリーマート広報部と秘書室の皆様に感謝申し上げたい。

流通や小売り関係者には、釈迦に説法もたくさんあったかもしれないが、少しでも知られざる新生ファミリーマートの挑戦、澤田社長の挑戦をお見せすることができたなら、大変幸いである。

2020年3月

上阪　徹

【著者紹介】

上阪　徹（うえさか　とおる）

ブックライター。経営、金融、ベンチャー、就職などをテーマに、雑誌や書籍、webメディアなどで幅広く執筆やインタビューを手がける。

1966年、兵庫県生まれ。早稲田大学商学部卒業。ワールド、リクルート・グループなどを経て、1994年、フリーランスとして独立。これまでの取材人数は3000人を超える。

著書に、『あの明治大学が、なぜ女子高生が選ぶNo.1大学になったのか?』（東洋経済新報社）、『JALの心づかい』（河出書房新社）、『マイクロソフト 再始動する最強企業』（ダイヤモンド社）、『サイバーエージェント 突き抜けたリーダーが育つしくみ』（日本能率協会マネジメントセンター）、『リブセンス〈生きる意味〉』（日経BP社）、『なぜ今ローソンが「とにかく面白い」のか?』（あさ出版）など多数。インタビュー集に、累計40万部を超えるベストセラーとなった『プロ論。』シリーズ、『外資系トップの仕事力』シリーズなどがある。インタビューで書き上げるブックライター作品も80冊以上を数える。

公式サイト：http://uesakatoru.com

職業、挑戦者

澤田貴司が初めて語る「ファミマ改革」

2020年6月4日発行

著　者――上阪　徹

発行者――駒橋憲一

発行所――東洋経済新報社

〒103-8345　東京都中央区日本橋本石町 1-2-1

電話＝東洋経済コールセンター　03(6386)1040

https://toyokeizai.net/

装　丁…………藤塚尚子（e to kumi）

ＤＴＰ…………アイランドコレクション

写　真…………村越将浩、ファミリーマート広報部、共同通信、アフロ、引地信彦

編集協力………平田静子（ヒラタワークス）

印　刷…………丸井工文社

編集担当………水野一誠

ISBN 978-4-492-50309-6